「反すう」に気づいてぐるぐる思考から抜け出そう！

認知行動療法に基づく
セルフケアブック

大野裕 監修
梅垣佑介
中川敦夫 著

岩崎学術出版社

監修のことば

大野裕

ストレスに苦しんでいる人が、そのストレスを味方にしながら自分らしい生き方ができるようになるヒントを伝える目的で、本書は作られました。そのために著者たちが着目したのが、ストレスを感じたときにほとんど意識しないで続いている「反すう」と呼ばれる思考状態です。

反すうという言葉は聞き慣れないかもしれませんが、牛のような反すう動物が食べ物を歯ですりつぶし、それを胃に送ったあと、また口に戻して噛みなおし、それを胃に送り、また口に戻すという行動です。牛が絶えず口を動かしているのは、反すうを続けているからです。

私たちは、ストレスに苦しんでいるとき、反すう動物の食行動と同じように、ぐるぐると同じことを考え続けています。もちろんそのとき、考え続けることで解決の糸口が見つかることは少なくありません。あれこれ考えた結果、ストレスの原因になっている困った状況を抜け出すきっかけが見つかることもあります。反すう動物の反すうが消化を助ける働きをしているのと同じように、あれこれ考え続けることで、ストレス状況から抜け出す手がかりがつかめるのです。

だから私たちはストレスを感じたときにあれこれ考え続けるのですが、それが逆に自分を追いつめてしまうこともあります。あれこれ考えることが役に立てば良いのですが、精神的につらくなっているときには、意味もなく考えすぎてしまっていることが多いのです。それは、「下手な考え休むに似たり」の下手な考えが頭の中を支配してしまっている状態です。

過去を振り返ってつらくなっているときには、「何であのとき、あんなことをしたんだろう」「あのとき、もっとこうしていれば良かったのに」といった考えが行きつ戻りつしています。将来を想像して「ああなったら大変だ。どうしよう」と心配しているときも、同じような考えがぐるぐると頭の中で渦巻き、不安がさらに強くなります。

このように、ストレスを感じて抜け出せなくなっているときの思考パターンが、反すうや心配です。そうなると、あれこれ考えすぎてこころのエネルギーを消耗してしまいます。その結果、こころが疲弊して、ストレス状態から抜け出す力さえなくなってきます。そのため、反すうは、うつ病や不安症などの精神疾患につながる可能性を高めたり悪化させたりする要因になりますし、とくに近年は適応反応症（適応障害）の中核的な症状と考えられるようになっています。

こうした「反すう＝ぐるぐる思考」に着目してストレス状態から抜け出すコツを提唱したのが、英国のエドワード・ワトキンス先生です。ワトキンス先生は、悩んでいる人が自分の反すう思考や心配に気づき、それを止めることで精神的苦痛を和らげることができるように手助けする「反すう焦点化認知行動療法」という治療法を開発して、専門家仲間と一緒にその効果を実証しました。その後も、反すうや心配と呼ばれている状態に自分が陥っていることに適切に対応すればストレス状態が軽くなることを裏づける研究が多く発表されています。

本書の著者の、梅垣佑介先生と中川敦夫先生は、そのワトキンス先生から直接教えを受けた反すう焦点化認知行動療法の専門家です。その二人が、反すう焦点化認知行動療法を、精神症状と言うほど悩みが強くない、日常の生活のストレスを感じている人が誰でもいつでも使えるようにわかりやすく解説したのがこの本です。

この本には、自分が今考えていることが反すうや心配の可能性があることに気づきやすくなる方法がわかりやすく書かれています。反すうや心配だと気づいたあとに上手にそれを止める手立てについて学ぶこともできます。本書を使って、皆さんの考えが反すうや心配ではなく、生活をゆたかにする行動へと変化していくことを願っています。

はじめに

梅垣佑介

本書をお手に取っていただき、ありがとうございます。

本書は、自分自身のことやいろいろな物事について、否定的な側面に注目してぐるぐると考えこみやすい方、いろいろなことを心配しやすい方に向けて、書かれました。

私たちの毎日の生活は、楽しいことや幸せなこと、美しいことばかりではありません。誰もが、つらく苦しい出来事に直面して落ちこんだり、自分自身の限界や至らなさについて思い悩んだりします。考えこむことや悩むことは、他の動物にはおそらくない、人間（ヒト）の特徴と言えるかもしれません。

では、ここで少し立ち止まって考えてみてください。気分が落ちこんだときや思い悩んだときに、そういった気分や考えに対して、あなたはどのように反応しているでしょうか？　落ちこんだ気分になった後や、思い悩んだ後、あなたはどうなるでしょうか？

中には、ひとしきり悩んだ後には吹っ切ることができる、という人もいるでしょう。「夜までぐるぐると考えているけれど、一晩寝たらあまり気にならなくなる」という人もいます。ひょっとしたら、落ちこんだ経験なんてまったくない、という人も中にはいるかもしれません。反対に、一つのことについて長い時間思い悩み、考えこんでいるうちに、過去に同じような状況で失敗した経験の記憶が次々と蘇ってきていっそう落ちこんだり、「自分にはどうしてこんなこともできないのだろう」とさらに気持ちが沈んで、ネガティブな考えと気持ちのループにはまりこんでいく……という人もいるかもしれません。

私たちはみな、大小さまざまな「気分の落ちこみ」を日常的に経験します。思うようにいかなかったり、期待外れのことが起きたり、孤独を感じたりしたときに、気分が落ちこむのは人間にとってとても自然な反応です。

しかし、そういった気分の落ちこみを経験すると、まるでそれに刺激されるかのように、自分自身の至らなさやさまざまなネガティブなことについて繰り返し考えてしまうことがあります。このような考えを、専門用語で「**反すう**」（あるいは「**反すう思考**」）と呼びます。ネガティブな面について繰り返しぐるぐると考えるという特徴から、一般的には**「ぐるぐる思考」**と呼ぶこともあります。

ぐるぐる思考は誰にでもみられるものです。ぐるぐる思考がおかしなものであるとか、ぐるぐる思考をするのは弱い人だということは決してありません。私たちは誰だって、困難な事態に直面したときや、まだ解決していない問題があるときに、ぐるぐると考えこみます。そういった意味で、ぐるぐる思考はとても自然で正常な反応と言えます。ですが、**ぐるぐる思考が多くなりすぎて生活のさまざまな場面で出てくるようになったとしたら**どうでしょうか。あるいは、**行動を起こさないといけない状況でも、考えてばかりで何もできなくなった**としたら、どんなことが起きるでしょうか。

そんなふうにぐるぐる思考が多くなりすぎたり、考えと行動のバランスが崩れてしまったりすると、精神的な健康が損なわれることが知られています。場合によっては、うつ病や不安症（不安障害）などのこころの問題にもつながることが、たくさんの研究結果から示されています。

本書の内容は、**反すう焦点化認知行動療法**という、うつ病に対する有効性が示された臨床心理学的支援法の考え方に基づいています[1]。反すう焦点化認知行動療法では、外界・内界に対する人の反応を「行動」として捉えます。ここでいう外界には、私たちを取り巻く世界や環境、他者の行動などが含まれます。一方、内界は、私たちの内側で生じる考えや気持ち、体の感覚などを指します。そして、私たちの「反応」とは、体を動かす行動はもちろんのこと、外界や内界に対して私たちがどんなことを考え、思い、感じるのか、ということも含みます。本書で用いる「行動」という言葉には、実際に体を動かす活動だけでなく、**頭の中の動き（考え、ことば）や気持ちの変化も含まれる**、ということを覚えておいてください（行動≒反応、と言い換えることができます）。

本書を通して紹介する考え方のポイントの一つ目は、**「ストレスを受けたとき・感じたときの、私たち自身の行動の仕方（反応の仕方）を、一緒に振り返ってみましょう」**ということです。

毎日の生活の中で、私たちは実に多様なストレス源に接し、さまざまなストレスを感じながら暮らしています。ちょっとしたストレスもあれば（例えば、部屋の隅に埃のかたまりを見つけること、流しに食べ終わった食器の山があること、電車に乗るために並んでいたら後ろから来た人に割り込まれたことetc.）、大きなストレスもあります（例えば、引っ越し、就職・入学、失業、結婚、離婚、大切な家族・仲間との別れetc.）。人が社会的な生活を営むうえで、こういったストレスは避けて通ることができないものであり、時には必要な場合さえあります。言い換えるならば、ストレス源となる出来事や状況自体は、変えることがしばしば難しいものです。しかし、ストレスを受けたとき・感じたときに、**それに対してどう反応するか、どのように行動するかは、私たち自身でコントロールすることができます。**そして、ストレスを感じたときにどう反応・行動するかによって、**その後の気分や感じ方は大きく変わってくる**ことが分かっています。これが、本書を通してご紹介する考え方の二つ目のポイントです。（これは、反すう焦点化認知行動療法の元となった、「認知行動療法」の考え方でもあります）。

本書を通して、あなた自身がストレスを感じるパターンや、ストレスに対する反応の仕方を振り返ってみましょう。そして、ストレスを感じるとき、ぐるぐると反すうしてしまいそうなときに、より前向きな反応の仕方ができるよう、色々な方法を一緒に学んでいきましょう。

本書の構成を紹介します。

第1章では、ストレスを感じたときの私たち自身の行動の仕方(反応の仕方)に意識を向けてみる、という一つ目のポイントについて解説します。反すうと呼ばれる行動がどのようなものか、似たものに何があるか、といったことも説明します。

第2章は、反すうに関する脳科学や心理学の知見をまとめています。脳科学や精神医学、臨床心理学に興味や関心がある方にとっては役に立つ内容になっていると思いますが、自分自身の反すうへの対処方法が早く知りたいという方は、第2章を飛ばして第3章に進んでもらって構いません。

第3章以降は、「ストレスを感じたときの反応の方法として、反すうに代わる、より前向きな方法を探す」という本書の二つ目のポイントに基づいています。第3章では、反すうをすることが私たちにどんな影響を及ぼすのか、という反すうの役割について考えます。続く第4章では、習慣になった厄介な反すうを変えるための準備運動として、反すうが始まったときに気がつけるようにする練習や、気がついたときの反応の仕方について書かれています。ストレスを感じていると気がついたときに、これまでとは違う反応の仕方を採用する「もしもプラン」というやり方を紹介しています。

第5章から第7章では、反すうに代わる反応の仕方として、「具体モード」「没頭モード」「コンパッションモード」という三つのモードを各章で紹介しています。最後の第8章では、これまでに学んだ内容を総括しつつ、対人関係を効果的におこなう「アサーティブ」なコミュニケーションのモードについて解説します。

本書全体を通して、反すうのぐるぐる思考から抜け出すためのポイントを、できる限り多くご紹介します。本書を読むことで、あなたがストレスを感じやすいパターンをより高い解像度で理解する助けとなり、ストレスに対してより巧みに反応するための方略を見つける一助となることを願っています。

目次

監修のことば（大野 裕） iii

はじめに（梅垣佑介） vii

第1章 反すうとはなんだろう？ 1

◉反すうとは 3／◉反すうと心配——頭の中の「ぐるぐる思考」 5／◉反すうは習慣化してしまう 10／◉ストレスを感じる状況を振り返ってみよう 11／◉ストレスを感じる状況への対処の仕方 15／◉反すうや心配はいけないこと？ 18／◉習慣になる反すう・心配 19／◉考え方の「モード」 20／◉反すうモードのセルフチェック 22／◉「過剰な一般化」モードのセルフチェック 24／◉反すうモードとそれ以外のモード 26／◉振り返り——第1章のポイント 29

第2章 反すうの科学 31

◉反すう思考と脳の関係性 32／◉臨床心理学の研究から——反すうとうつ病の関連 39

／◉日常的な気分の落ちこみに対する反応の仕方がその後を左右する——ノーレン＝ホークセマの反応スタイル理論　40／◉ワトキンスの処理モード理論　45／◉反すう焦点化認知行動療法（ＲＦＣＢＴ）　49／◉反すうに関するその他の心理学的知見　53／◉振り返り——第２章のポイント　55

第3章　反すうするとどんな結果になるだろう？
——反すうの「役割」を探ろう　57

◉対処方法を振り返ってみよう——反すう・心配ダイアリー　58／◉反すうは何をもたらす？——反すうの結果を調べてみよう　64／◉どうして反すうするのだろう？——ぐるぐる思考の役割　69／◉反すう思考の役割別・対処方法の候補　72／◉役に立たない反すうを見分ける三つのポイント　78／◉振り返り——第３章のポイント　81

第4章　どんなときに反すうしやすいだろう？
——反すうにつながる「危険サイン」を探し、別の方法で対処する準備をしよう　83

◉変化を起こすには気づくことから——反すうに対する気づきを高めよう　84／◉反すうが始まる／◉反すうが起きるのはどんなとき？——反すうにつながる「危険サイン」　85／◉反すうが始まる

危険サインを探そう　89／◉反すうや危険サインに気がついたときに対処するためのポイント　96／◉「もしもプラン」　98／◉もしもプラン作成のヒント——心を整えてストレスに対処する四つの方法　100／◉ぐるぐる思考がやめられないという人へ——考えこむクセを味方につけよう　113／◉ヒントは私たちの中にある——うまくいった経験を探そう　117／◉経験から学ぶためのポイント　122／◉自分自身のストレスに対処する——もしもプランをつくってみよう　124／◉千里の道も一歩から　126／◉振り返り——第4章のポイント　128

第5章　反すうから抜け出すコツ1：具体モード
——具体的に考えてみよう　131

◉ストレスを感じたときにとりやすい「抽象モード」の考え方　134／◉「具体モード」の考え方　135／◉抽象モードと具体モードを比べるエクササイズ　136／◉具体モードと抽象モードの比較　140／◉具体モードを取り入れるためのポイント　156／◉ストレスを感じた時に、具体モードにチャレンジしてみよう　158／◉もしもプランに具体モードを取り入れてみよう　159／◉もしもプラン作成のヒント　161／◉振り返り——第5章のポイント　165

第6章　反すうから抜け出すコツ2：没頭モード
――没頭した活動や記憶を探そう　167

◉「心ここにあらず」の状態――行動はしていても、今この瞬間を存分に体験することができない状態　168／◉没頭していないのはどういうとき？　171／◉没頭していたときと没頭していなかったときを比べてみよう　179／◉没頭した体験に注目するメリット　183／◉没頭モードを活かしてぐるぐる思考から抜け出す　184／◉没頭モードをもしもプランに取り入れよう　187／◉没頭できるポジティブな活動と、義務的な仕事・課題のバランス　188／◉没頭できるポジティブな活動を探そう　189／◉没頭できるポジティブな活動を生活に取り入れてみよう　192／◉振り返り――第6章のポイント　194

第7章　反すうから抜け出すコツ3：コンパッションモード
――やさしい気持ちを自分にも向けてみよう　197

◉厳しい「内なる言葉」は誰のため？　199／◉大切な人にかける言葉と比べてみよう　200／◉心の中で自分自身にかけている「内なる言葉」を振り返ってみよう　202／◉自分に優しくするための五つのヒント　210／◉コンパッションモードの言葉かけを、もしもプランに取り入れてみよう　215／◉自分に優しくできないとき　216／◉自分に優しくあるためにできること　218／◉自分のからだとこころを大切にする　218／◉自分に優しくする計画を立てよう　222／◉振り返り――第7章のポイント　223

第8章　反すうに支配されない生活を続けるために――これまでの取り組みを続けつつ、アサーティブモードでいこう　225

◉もしもプランがうまくいかないとき　227／◉万能の方法はありません　230／◉対人関係とストレス　231／◉考えや気持ちを他者に表明すること　232／◉対人関係の中で感じるフラストレーションや怒り　234／◉「アサーティブ」なコミュニケーション　237／◉アサーティブになるためのヒント　240／◉アサーティブな表現を目指してみよう　245／◉アサーティブモードで困難に対処してみよう　247／◉よりよい明日のために　249／◉これからの計画を立てましょう　250

おわりに（中川敦夫）　253

参考文献　256

カバー・本文イラスト　フクイサチヨ

第1章

反すうとはなんだろう？

はじめに、次のような状況を想像してみてください。あなたがこのような状況にあったとしたら、どんなことを考え、どんなふうに行動するでしょうか。

- 恋人から突然、別れを切り出された。自分はこれまで順調に交際していると思っていて、結婚も考えていた。
- 会社の命運がかかるプロジェクトで失敗し、上司から厳しく叱責された。

どちらも、多くの人が強いストレスを感じる状況です。こういった状況では、誰であっても、「なぜこんなことになったのだろう？」「これはいったい何を意味するのだろう？」「この先どうなってしまうのだろう？」といったことをぐるぐると長い時間考えこみます。「これから先も同じようにうまくいかないのではないか？」と、先のことを心配に感じることもあります。時には、「こんな目にあうようなことを自分はしたのだろうか？」「罰（ばち）が当たったのだろうか？」と考えることもあるかもしれません。

こういった考えは、私たちが強いストレスを感じたときによく頭に浮かぶものです。困難な状況にあって強いストレスを感じているときや、未解決の問題があるときに、誰であっても頭に浮かぶ、とても自然な考えであると言えます。

しかし、こういった考えが多くなりすぎると、どうでしょうか。実は、こういった考えが多くなりすぎると、問題になることが知られています。本来であればそこまで考えずに行動したほうがよい状況であっても、考えにとらわれるようになってしまったり、行動を起こす必要がある場面で、考えばかりが頭に浮かんで動けない、といった状態になります。そうして、考えがつらさや苦痛をもたらすようになるのです。

第1章では、こういった考え（専門用語で「反すう」と呼ばれるものです）について、詳しくみていきましょう。

●反すうとは

牛や鹿が食べ物を食べたあと、一度飲み込んだものを再び口に戻してきて、また口の中で噛むことを「**反すう**」と言います。これと同じように、過去の出来事や体験、あるいは自分自身のある側面について、頭の中で繰り返しぐるぐると考えることを、心理学の用語で「反すう」（または「反すう思考」）と呼びます。ネガティブな内容について繰り返しぐるぐると考えることを指すため、一般的には「**ぐるぐる思考**」と呼ぶこともあります。（反すうに対し、まだ起きていない未来のことについて考えこんでしまうのが「**心配**」です）。

ネガティブなぐるぐる思考の中でも、以下に挙げる側面について時間をかけて繰り返し考えこむことが、さまざまなこころの問題につながることが知られています。

HINT!

- 自分自身の感情や症状について：**「なぜ気分がこんなに落ちこむのだろう？」「なぜいつもこんな嫌な気持ちになるのだろう？」**
- 自分自身の考えについて：**「なぜいつもこんなふうに考えてしまうのだろう？」「こんなふうに考えてしまう自分が嫌だ」**
- 自分自身が抱える問題について：**「なぜ自分にばかりこういう問題が起きるのだろう？」「なぜ他の人みたいにうまくやれないのだろう？」**

- つらい・つらかった出来事について：**「なぜあんなことが起きたのだろう？」「悪い結果になったらどうしよう？」**
- 自分自身（のある側面）について：**「なぜもっとうまくやれないのだろう？」「私はダメな人間だ」「私はどうしていつもこうなのだろう？」**

反すうや心配といったネガティブなぐるぐる思考が多くなって、日常生活のさまざまな状況で出てくるようになったり、考えの多くをぐるぐる思考が占めるようになったりすると、うつ病や不安症など、さまざまなこころの問題につながることが明らかになっています。例えば1、2、3

◉反すうと心配——頭の中の「ぐるぐる思考」

先ほどご紹介した反すうと、先のことについてあれこれ思い悩んでしまう心配は、考える対象の時制（過去・現在のこと vs. 未来のこと）こそ違っていますが、どちらも同じよう

にネガティブにぐるぐると考えこむ「ぐるぐる思考」の一種です。ストレスを感じたときに、「もうどうしようもない！」「お手上げだ！」と無力感や敗北感を感じてしまう背景には、ひょっとしたらこの「ぐるぐる思考」があるのかもしれません。

代表的な「ぐるぐる思考」である**反すう**[注1]**と心配の特徴**を詳しくみておきましょう。

HINT!

反すうの特徴

- 自分自身のある側面（気持ち・考え・症状・問題）や困難な出来事について、繰り返しぐるぐるとネガティブに考えこむことです。
- ストレスを感じる状況や場面について考えてはいるのですが、**ネガティブな側面に注目**しています。
- 頭の中で考えはぐるぐると回り続けますが、**先へ進むことや行動を起こすことが難しく**なります。頭は使っているので疲れます。ですが、先へと進むためのアクションにはなかなかつながりません。
- 反すうすることがおかしいとか、反すうが異常な行動であるというわけではありません。多くの人が、ストレスを感じたときや対処が難しい事態に直面したときに、こういった考え方をします。

HINT!

心配の特徴

- まだ起きていない未来のことについてあれこれ考えを巡らせることです。
- 反すうと同様、心配することでしばしば**行動しにくくなったり、行動を避けたり**するようになります（これを回避と呼びます）。
- 心配が多くなると、**先へと進むこと、次の一歩を踏み出すことが難しく**なります。
- **適度な範囲の心配は、多くの人が行っている**ことです。

注1：反すうに類似する考え方として「省察（せいさつ）」と呼ばれるものもあります。これは、反すうと同様にぐるぐると繰り返す思考ではあるものの、内容がネガティブではなくニュートラルなものです。通常、省察は自己理解を深めたり、問題の解決や困難の克服に向けて好奇心をもって行われます。省察は問題解決につながる可能性があるものですが、省察をしすぎてしまうことはやがて反すうや抑うつにつながるとも言われています。[4]

反すうは主に過去や現在のことについて、心配は主に未来のことについて考えるという違いはありますが、両者はとてもよく似ています。反すうも心配も、困難な事態に直面したり、まだ解決していない問題がある状況で、多くの人が行うごく自然な考えです。時には、事態についてじっくりと考えた末に次の一歩を踏み出してみることで、事態が好転したり、問題が解決したりすることもあるでしょう。そのように、反すうと心配が問題の解決や困難にうまく対処することにつながっているうちは問題ありません。しかし、反すう・心配が多くなりすぎたり、考えと行動のバランスが崩れてしまうと、問題を解決したり困難に対処したりすることは難しくなります。「考えてはいるけれど行動を起こすことができない」という状態になり、困難や問題に対処できず、それらを避ける（回避する）ことへとつながります。

あるクライエントは、「反すう思考はまるで山手線に乗っているかのようだ」（図1－1）と教えてくれました。目的地に向かって進んでいる（＝解決や対処のために考えている）はずなのに、降りるところ（目的）を見失ってしまうと、気がつけば同じところをぐるぐると回っている。反すう思考も、もともとは問題の解決を目指したり、困難な事態に

図 1-1 「反すう思考は山手線に乗っているかのようだ」

うまく対処したりするために始まる（＝目的地に向かうために電車に乗る）と考えられます。繰り返し考える（＝電車に乗り続ける）ことで、問題に対して対処できる（＝目的地を見失わず、降りることができる）のであれば、問題にはなりません。しかし、やがて考えがぐるぐると巡り、にっちもさっちもいかなくなるのです（＝目的地を見失い、同じところをぐるぐると回り続ける）。

●反すうは習慣化してしまう

反すうと心配について考えるときにもう一つ大切なポイントとして、それらが意図しなくても生じる習慣になる、ということがあります（後ほど詳しくご紹介します）。習慣になるということは、毎日の生活の中で、意識・意図しなくてもほとんど自動的な反応として生じる、ということです。自分自身で「反すうしよう」「しっかり考えこもう」と思わなくても、いわば自動運転で**「反すうモード」**に入ってしまい、ぐるぐると考え続けるようになるのです。そのため、自分自身では、どれくらい反すう・心配しているかは意外と気がつきにくいのです。

次のセクションでは、私たち自身がどんな状況に対してストレスを感じ、そういった状況でどれくらい反すう・心配をしているのかを一緒に探っていきましょう。そういったことを通して、ストレスを感じたときの、私たち自身の考え方や反応の仕方に意識を向けてみましょう。

◉ストレスを感じる状況を振り返ってみよう

習慣化した反すうに気づきやすくなるために、まずはあなた自身がどんな状況でストレスを感じやすいか、そしてストレスを感じたときにどんな反応をしやすいのかを振り返ってみましょう。ストレスを感じるときのあなた自身の様子を振り返るために、次の質問に対する答えを考えてみるとよいでしょう。

- ストレスを感じた状況・場面（いつ・どこで・誰と・何をしていた時ですか？）

- その状況・場面でストレスに感じたこと
- その状況・場面でのあなたの反応・対処（あなたが考えたこと、行動・発言したことは何ですか？）
- その状況・場面でのあなたの気持ち・感情
- あなたの行動・発言の結果起きたこと（行動・発言の後、何が起きましたか？）
- その状況・場面を乗り越えるのに役に立ったあなたの行動・発言・考えと、それが役に立った理由
- その状況・場面を乗り越えるのに役に立たなかったあなたの行動・発言・考えと、それが役に立たなかった理由
- その状況・場面で、もっと役に立ったかもしれない行動・発言・考え

これらの質問に対してAさんが答えてみた例を、次に示してゆきます。このAさんの例を参考にしながら、あなたが最近ストレスを感じた状況について、それがどんな状況で、あなたはどんな反応をしたのか、思い出してみてください。

Aさんがストレスを感じる状況

- **ストレスを感じた状況・場面**：締め切りまでに終わらせないといけない仕事が多すぎてプレッシャーを感じた
- **その状況・場面でストレスに感じたこと**：締め切りが迫っているのに進捗が順調でないこと。この後頑張って挽回しないといけないこと。同期のプロジェクトは順調に進んでいるように思えること。
- **その状況・場面でのあなたの反応・対処（あなたが考えたこと、行動・発言したこと）**：「締め切りまで時間が短いから、これから相当頑張らないといけない」「別のプロジェクトを任された同期はうまく進めている。自分も負けていられない」と考えた。
- **その状況・場面でのあなたの気持ち・感情**：焦り。締め切りまでに良い仕事ができるか、そもそも終わらせられるか不安。
- **あなたの行動・発言の結果起きたこと**：気持ちばかり焦ってしまい、落ち着いて仕事できなかった。部下に強い口調で当たってしまった。

● **その状況・場面を乗り越えるのに役に立ったあなたの行動・発言・考えと、それが役に立った理由**：「焦っても良い仕事はできない」と考えて、深呼吸をし、同期のことや余計なことを考えずに自分の仕事に向かうようにした。焦る気持ちや不安はなくなったわけではないが、少し軽くなって、なんとか仕事を進めることができた。

● **その状況・場面を乗り越えるのに役に立たなかったあなたの行動・発言・考えと、それが役に立たなかった理由**：締め切りが近いという焦り。良い仕事ができるのか、同期と比べてどうかという不安。こういったことを考えることで「仕事をしないといけない」「頑張らないといけない」という気持ちにはなっても、集中して取り組み続けることは難しかった。

● **その状況・場面で、もっと役に立ったかもしれない行動・発言・考え**：自分自身の仕事のことだけを考え、その時々にできる作業を一つ一つこなしていくことができれば、より役に立ったかもしれない。

◉ストレスを感じる状況への対処の仕方

ストレスを感じる状況とそこでの反応の仕方（考えやふるまい方）を振り返ってみることは、最初は難しく感じるかもしれません。いきなり完璧に行うことは、誰であっても不可能です。ですが、**自分自身がどういったときにストレスを感じやすいのか、ストレスに対してどのように反応しやすいのか**に意識を向けることが、この後に起こす変化のための第一歩になります。

ストレスを感じる状況・場面での私たちの反応の仕方は、その**状況に対する対処方法**と言えます。人は誰であっても、さまざまな対処方法のレパートリーを持っているのです。ですが、物事がうまくいかないときや、ネガティブな反すう・心配に支配されているときには、**効果的でない対処方法をとる悪循環**にはまってしまっていることがよくあります。この「効果的でない対処方法」の特徴を次にまとめました。

HINT!

効果的でない対処方法とは？（≒反すう、心配）

- 問題の解決につながらない対処方法。その状況をどれだけ乗り越えようと試みても、うまくいかないもの。
- 頑張っても頑張っても状況が変わらず、もがけばもがくほど泥沼にはまっていくような気持ちにさせるもの。
- 問題が解決しないまま、新しい問題が起きてしまうもの。
- 一時的に事態を丸く収めてはくれるものの、長期的に見ると問題が解決されず、悪化したりするもの。[注2]
- うまくいかないと分かっていて取る方法ではない。その方法が役に立つはずと信じていたり、過去にうまくいった経験があったりするもの。

私たちは、なぜこういった「効果的でない対処方法」を取ってしまうのでしょう？　大切なのは、私たちは決して「うまくいかないだろう」と思ってそういった方法を取っているのではないということです。その方法が事態の解決に役立つと信じていたり、過去にうまくいった経験があったりするからこそ、そういった方法を意識しないうちに自動的に選択してしまうのです。

また、ここで挙げたような効果的でない対処方法を取ってしまうことがダメ、というわけでは決してありません。こういった方法も、本来は「問題を解決しよう」「事態をより良くしよう」「気持ちを落ち着かせよう」といった意図をもって行われていたはずです。ですが、そういった方法がしばしば裏目に出てしまい、まるで泥沼にはまり込んだかのようになってしまうことがあるのです。

注2：例えば、電車に乗ることで不安を感じる人がいたとします。その人は、電車に乗るのを避けることで、一時的に不安を感じずにすみます。しかし、一度電車に乗るのを避けてしまうと、その場面（電車に乗る状況）に戻ることはいっそう難しくなってしまいます。次に電車に乗らないといけない時に、以前にも増して強い不安を感じ、いっそう「乗りたくない！」「降りたい！」と考えるようになってしまいます。

◉反すうや心配はいけないこと？

これまでに何度か書きましたが、反すうと心配は、ストレスや困難に対するとても自然な反応で、多くの人が行っていることです。「反すうや心配は良くないもので、ゼロにしないといけない」とか「反すうや心配をするのはおかしいことだ・おかしい人だ」ということでは決してありません。

反すうすることで、過去の失敗を繰り返さずにすむことだってあります。心配することで、未来の出来事に対して慎重に対処するための準備ができる面だってあるでしょう。反すうと心配には、時にはメリットもあるのです。

ですが、バランスを失ってしまって、考えの多くを反すうや心配が占めるようになったときや、生活の中の多くの時間を反すうや心配に費やすようになったときはどうなるでしょうか。そういったとき、私たちは行動を起こしにくくなり、やがてつらさを感じるようになります。こういった状態が続くと、うつ病や不安症といった状態につながることが知られています。

反すうと心配がバランスを失った状態とは、次のような状態です。

HINT!

- **日々の生活の中で、反すうと心配が占める時間が長い状態**：一日のうちの多くの時間を、反すう・心配に費やしている状態です。
- **考えることが行動につながらず、さらなる考えへとつながっている状態**：考えが考えを生み、その考えがまた別の考えへとつながる……というように、反すう・心配のループから抜け出せなくなります。

◉習慣になる反すう・心配

反すうと心配は自然な反応ですが、その一方で厄介な性質もたくさんあることが多くの研究から明らかになっています。中でも厄介なのは、（先ほども少し述べましたが）反すうと心配が心理的な**習慣**になってしまうことです[5]。

習慣とは、繰り返されることによって、意図したり努力したりしなくてもなかば自動的に行われるようになった行動を指します。反すうと心配が、最初は嫌な事態を避けようとして、あるいは困難に備えるための行動として始まったとしても、繰り返されるうちに徐々に習慣になっていきます。反すうや心配が習慣化すると、本来であれば反すう・心配をしなくても良い場面(=行動を起こした方が良い場面、自分の意見をしっかりと伝えるべき場面、行動の結果をみてから考えたほうが良い場面etc.)でも、そういった反応が自動的に出てきてしまって、別の行動をとることが困難になります。

◉考え方の「モード」

先ほど、ストレスを感じる状況に対する反応の仕方は、一種の対処方法であるとお話ししました。私たちの日々の生活は大小さまざまなストレスで溢れていますが、ストレスの源となる出来事や状況の一つ一つについて、どのように対処するかをまっさらの状態からゼロベースで考えているわけではありません(そんなことをしていると、ごくわずかな事態に対処するだけで一日が終わってしまうでしょう)。

まっさらの状態で対処するかわりに、私たちには自分自身がとりやすい決まった**考え方のスタイル**があります。ある種の考え方を行いやすく、それに関連する気持ち・行動・体の感覚になりやすい状態のことです。そのような一定の気持ち・行動・感覚をともなう考え方のスタイルを本書では**「モード」**と呼びます。反すうをしがちな人は、いわば「反すうモード」に入りやすい人、ということができます。

「反すうモード」に入りやすい人は、さまざまな状況で反すうをしやすい傾向があります。反すうしているうちに、いろいろなことを不安に感じ（気持ち）、行動を起こしにくくなり（行動）、体がだる重く感じたりします（感覚）。そうしているうちにまた別のネガティブな考えが頭に浮かび……というように、あるモードになるとそれと一致する状態が一定時間持続する傾向があります。

次のセクションでは、あなたが悩んだりストレスを感じたりしたときに、どんなモードで対処しているかを調べてみましょう。

◉反すうモードのセルフチェック

あなたが悩んだり、ストレスを感じたりするときに、次の表にあるような反応を行うことがあるでしょうか。ストレスを感じたときに行うことがあれば「はい」に、行うことがなければ「いいえ」に○をつけてください。

CHECK!

反すうモードのセルフチェック	はい	いいえ
・一つの問題や悩みごとについて、長い時間をかけて考えこむことがある。		
・自分自身のことや、自分がどう感じているかについてよく考える。		
・気持ちが沈む理由を考えたり、過去の失敗やミスについて頭の中で何度も振り返る。		
・ことあるごとに心配や不安を感じる。		

・「どうして私だけ？」と思うことがよくある。		
・嫌な出来事があると、以前にあった別の嫌な出来事を思い出し、思い出しているうちに気持ちがふさぎ込んでいくことがある。		
・一つの問題や悩みごとについて、頭の中であれこれ考えこんでしまう。		
・うまくいかなかったことや失敗について、頭の中で何度も振り返る。		
・自分に対して批判的である。		
・自分にどれだけのことができているかを批判的にチェックし、思うようにできていないところを取り上げて自分自身を責めることがある。		

（出典：梅垣・ワトキンス「ぐるぐる思考とは？」ワークブックより一部を修正して掲載）

これらのうち、あなたにはいくつが当てはまったでしょうか。

当てはまるものが一つでもあれば、あなたには反すうモードを取りやすい傾向があると言えます。

◉「過剰な一般化」モードのセルフチェック

うまくいかないことが一つあると、「私は何をやっても失敗する！」と考えてしまうことがあります。こういった考え方を、物事を過剰に一般化して考えることから「過剰な一般化」と呼びます。反すうモードを取りやすい人には、この過剰な一般化の傾向もあると言われています。次の表の質問についても、ストレスを感じたときにあなた自身が行うことがあれば「はい」に、行うことがなければ「いいえ」に〇をつけてみてください。

CHECK!

過剰な一般化モードのセルフチェック	はい	いいえ
・根拠がなくても、「どうせ良い結果にはならないだろう」「良くないことが起きるに違いない」と考えることがある。		
・物事を大げさに受け止める、拡大解釈をする。		
・失敗やうまくいかなかったショックを後々まで引きずる。		

・一つの出来事から、「自分は○○だ」「人生とは△△だ」などと結論づける。	
・難しい状況で自分を見失ってしまうことがある。	
・一事が万事に考えてしまう。	
・一度の失敗でも「自分はダメだ」と考えてしまうことがある。	
・困難な状況に直面すると、以前経験した失敗を思い出す。	

（出典：梅垣・ワトキンス「ぐるぐる思考とは？」ワークブックより一部を修正して掲載）

これらのうち、あなたにはいくつが当てはまったでしょうか。

このセルフチェックでも、当てはまるものが一つでもあれば、あなたには「過剰な一般化」モードに入りやすい傾向があると言えます。

◉反すうモードとそれ以外のモード

反すうや過剰な一般化が習慣になると、日々の生活の中で遭遇するさまざまな状況や場面に対して、「反すうモード」や「過剰な一般化モード」で対処しやすくなります。反すうモードや過剰な一般化モードになり、さまざまな状況に対して反すうや過剰な一般化が自動的に行われるようになると、小さなことであってもぐるぐるとネガティブに考えこんだり、「何をやってもうまくいかない」と一事が万事に考えずにはいられなくなってしまいます。

一般的には、反すうモードや過剰な一般化モードは問題の解決につながりにくく、行動を起こしにくくさせると言われています。また、それらのモード以外のやり方で物事に対処することも難しくなります。例えば、ある状況では「ひとまず行動してみて、結果をみてみる方法（結果次第でやり方を変えるモード）」が有効だったり、別の状況では「前向きで積極的な気持ちで取り組んでみる方法（前向きモード）」といった対処が役に立つ可能性があります。しかし、習慣化した反すうモード（あるいは過剰な一般化モード）による対処を続けることで、別のモードになりにくくなり、状況に対してうまく対処できる可能性が低くなってしまいます。

人の反応の仕方には、本来さまざまなモードがあり、状況や場面に応じてそれらを使い分けています。「ここはひとまず行動してみよう（「とりあえず行動してみるモード」）」「この状況では、傾向と対策をじっくり考えてから、慎重に動こう（「傾向と対策モード」）」「ここは高揚した気持ちに任せて押し切ろう！（「気分押し切り方モード」）」といったように、私たちがとれるモードは実にさまざまです。しかし、反すうや過剰な一般化が習慣になると、異なるモードを柔軟に選択することが難しくなり、さまざまな状況で反すうモードや過剰な一般化モードがとられるようになります。その結果、行動を起こしたり難しい事態を解決したりすることが困難になります。

次の表には、反すうモード以外にもとることができる代表的なモードが載っています。本書の第5章～第7章では、こういった反すうモードに替わるさまざまなモードをご紹介します。

考え方のモード	反すうモード	具体モード （第５章）	没頭モード （第６章）

そのモードのときに取りやすい対処方法	・反すう・心配 ・行動するよりも考える ・他の人が何を考えているかをぐるぐる考える ・自分自身の気持ちや考えについて考える・自分自身を責める	・結果よりもプロセスに意識が向いている ・結果・原因よりも出来事の詳細（いつ・どこで・何が・どのようにあったのか）や過程（その前に何があったのか、その後に何があったのか）を重視 ・「なぜそうなったのか」より、「どのように次へと進むか」を考える	・結果よりもプロセスに意識が向いている ・「良い結果を出すこと」よりも「その瞬間（を楽しむこと）」を重視 ・考えと行動が連綿とつながっている ・他の人がどう思うかは気にならない

コンパッションモード
（第7章）

- 結果よりもプロセスに意識が向いている
- 「良い結果を出すこと」よりも「その瞬間（を楽しむこと）」を重視
- 自分自身に対して優しく思いやりのある言葉かけを行うことで励まして動機づけを高める
- ほかの人と同じように自分自身を尊重した行動や考えをする

◉振り返り——第1章のポイント

第1章はここまでです。ここまでの内容をおさらいしておきましょう。

- ストレスを感じたときに、私たち自身はどのように反応しているでしょうか。私たち自身の反応の仕方・対処の仕方に意識を向けてみましょう。
- 反すうとは、自分自身のある側面や困難な出来事について、ぐるぐるとネガティブに考えこんでしまうことです。一方、心配は、まだ起きていない未来のことについてあれこれ考えを巡らせることです。

・反すうも心配も、まだ解決していない事態や達成していない目標があるときに誰でも行う、とても自然な反応です。しかし、反すう・心配が多くなりすぎたり、行動と思考のバランスを失ったりした時に、うつや不安といったつらい状態につながります。

・ストレスを感じたときの対処方法には、効果的なものと、効果的でないものがあります。

・反すうはしばしば、ストレスを感じたときに自動的に生じる習慣になり、さまざまな状況で反すうによって対処しようとする反すうモードにつながります。

次の第2章では、反すうについてもう少し詳しく知りたい方のために、反すうに関する脳科学や心理学の知見を紹介します。第2章には、少し専門的な内容が含まれます。反すうへの対処を早く学びたい方は、第2章を飛ばして第3章へと進んでいただいてかまいません。第3章では、反すうや心配が私たちにとってどういった役割をもつのかを詳しくみていきます。

第2章

反すうの科学

第2章では、脳科学や臨床心理学の観点から、反すうについて分かっていることを紹介します。この章の内容は、反すうに学術的に興味を持ち、より詳しく知りたい方向けとなっています。自分自身の反すうに対処する方法を早く知りたいという方は、第2章を飛ばして第3章へ進んでいただけたらと思います。

●反すう思考と脳の関係性

第1章で紹介したように、反すう思考とは、自分自身の心配事や問題、過去の出来事を繰り返し思い出し、それについてぐるぐると考え込むこころの状態を指します。このような思考は、特にネガティブな内容に焦点が当たりがちで、こころや気分に悪影響を与えることが多いと言われています。反すうは、うつ病や不安症（不安障害）になるリスクを高め、症状を長く持続させることが知られています。

私たちのこころや感情は、脳がつかさどっています。私たちの脳は、約一、〇〇〇億個もの神経細胞からなる、複雑で巨大なネットワークの集合体です。それぞれの神経細胞が相互に信号を送り合い、高度で込み入った精神活動を生じさせています。

最近の脳の画像検査（特に核磁気共鳴画像法［MRI］）の発達により、脳のどの部分がどのような機能を持つのかが分かってきました。まず初めに、反すうとも関係する、感情の調節に最も大切といわれている脳の領域を三つ紹介します（図2-1）。

HINT!

①扁桃体（へんとうたい）

扁桃体は、脳の奥の深いところにある、アーモンドの形をした神経の集まりです（「扁桃」とはアーモンドの和名です）。本能的に「怖い！」と恐怖を感じたり、不安になったときに即座に反応する脳の部分です。うつ状態にある人や不安が高い人は、この扁桃体が過剰に反応してしまうことが知られています。この過剰反応が、些細なことでも不安に感じたり、ネガティブな感情が持続したりすることに関係します。

②前頭前野（ぜんとうぜんや）

前頭前皮質とも呼ばれる、脳の最も前に位置する部位です（ちょうど額の後ろあた

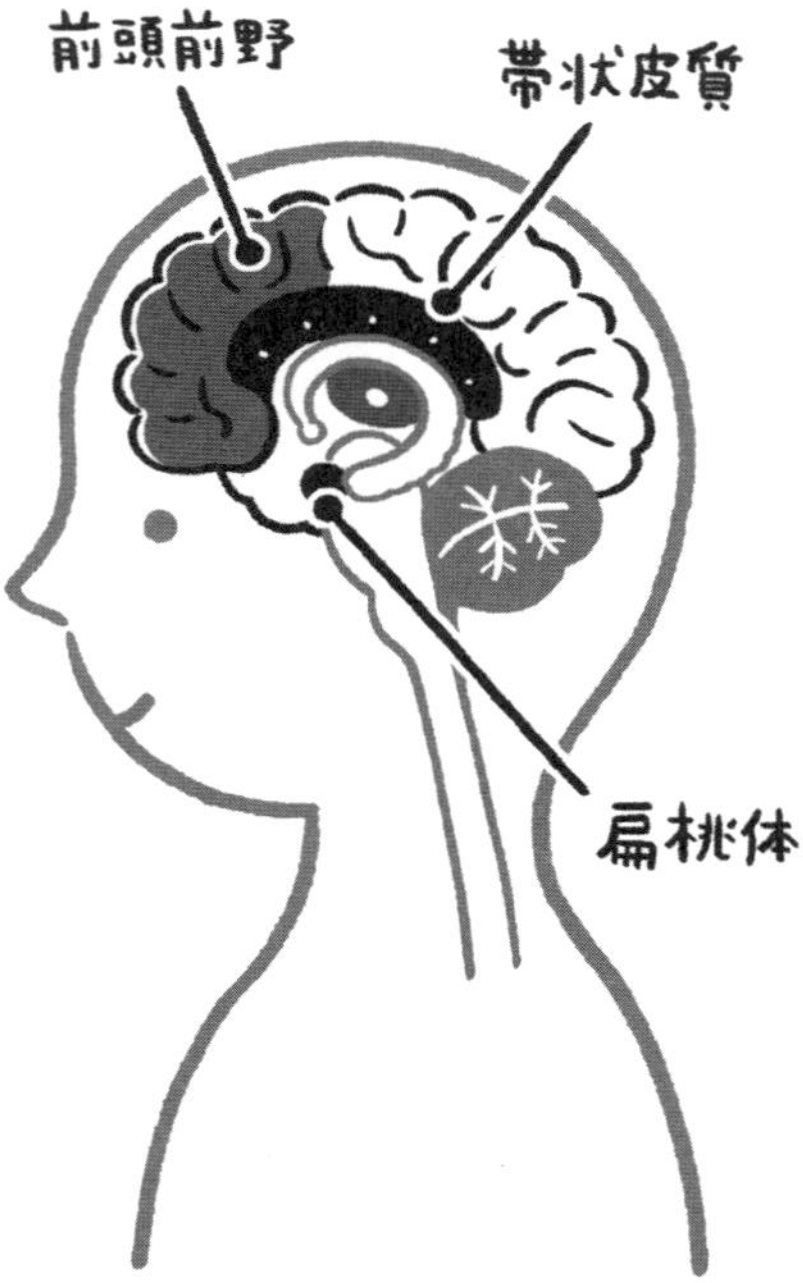

図 2-1　感情の調節に関わる脳の三領域

りにあります）。ヒトで最も発達しており、「人間らしさ」をつかさどる脳領域です。例えば、理性的に感情をコントロールしたり、創造力を働かせてアイデアを出したり、大事なことに集中したりする働きを担っています。①の扁桃体が本能的にキャッチしたネガティブな反応を諫めたり、理性的にブレーキをかけたりするところと言われています。

③帯状皮質（たいじょうひしつ）

帯状皮質は、①扁桃体と②前頭前野（前頭前皮質）を含む多くの脳の場所から情報の入力・出力を行い、情報を中継し統合する「ハブ」として機能していると考えられています。「これでいい」と思う一方で「このままではいけない」とも感じるような二つの感情に葛藤する状況や、意思決定をしたりする際のさまざまな感情に関する情報の処理に関わっています。

感情の調節に関わる脳の領域を三つ紹介しました。人間の脳は、異なる脳領域がそれぞれ単独で活動しているわけではなく、一つ一つの領域が相互に関わり合って、共同したり競合したりして複雑な機能を発揮しています。そのような脳の中の相互のつながりや情報のやり取りを「脳内ネットワーク」と呼びます。

中でも近年注目されている脳内ネットワークが、**デフォルトモードネットワーク**（Default Mode Network［DMN］）と呼ばれるものです。これは、いわば「ボーっとしている時」に活動するネットワークです。人の脳は、ボーっとしていても、完全に活動しなくなるわけではありません。ボーっとしている状態は、車で喩えるならば、アクセルもブレーキも踏んでいないけれどエンジンはかかっている「アイドリング状態」なのです。

デフォルトモードネットワークは、人が外からの具体的な課題や刺激に集中していない、または他に注意を向けていない「デフォルト」の状態、つまりぼんやりと物思いにふけっている状態で活動します。特に、**自分自身のことで思い悩んだり、昔のことについて思い出して考えたり、自分の将来について想像したり、自分の言動やその結果起きた出来事を振り返って考えたり**、といったときに活発になります。

反すう思考は、この**デフォルトモードネットワークと関連**していることが最近の脳画像の研究から明らかになってきました。デフォルトモードネットワークはもともと、一日のうちの多くの時間で活動していることが知られています。しかし、うつ病になるとその時間がさらに長くなります。反すう思考が強いときも同様で、デフォルトモードネットワークが活動し、脳のアイドリング状態が続くために、何もしていなくても脳が疲れやすい状態になると考えられています。

デフォルトモードネットワークは、主に以下の脳領域をつなぐネットワークからなります（図2-2）。

HINT!

i．内側前頭前野（ないそくぜんとうぜんや）

自分に関するさまざまな考えや感情を評価する脳の部位で、先ほどの②前頭前野の内側、つまりおでこの真ん中あたりにある部分を指します。

ii．後帯状皮質（こうたいじょうひしつ）

自分と他の人の視点を統合して考えたり、自分の記憶に基づいて想像したりする役

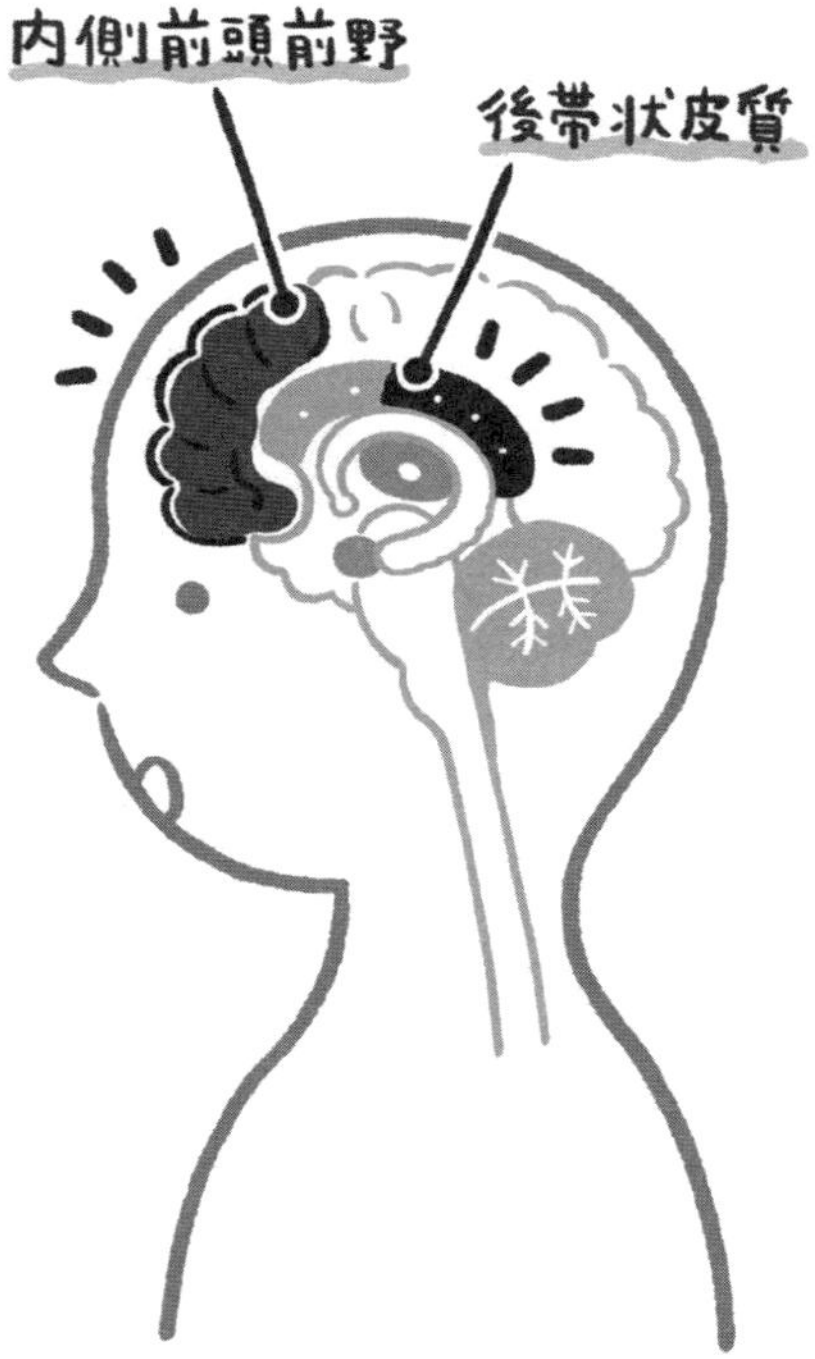

図 2-2　デフォルトモードネットワーク

割をつかさどる部位です。先ほどの③帯状皮質の後ろの方、つまり後頭部に近い部分です。

その他、楔前部や下頭頂小葉と呼ばれる領域も含まれるネットワークです。

ここまでみてきたように、私たちの脳は、さまざまな領域が互いに影響し合いながら複雑な思考や感情を生み出しています。反すう思考は、特にデフォルトモードネットワークとの関連が知られており、このネットワークは、自分に関係する考えや感情を処理するうえで重要な役割を果たしています。今後も反すう思考と脳機能の関係について理解を深めることが、反すう思考に対してより効果の高い治療法の開発に繋がると期待されています。

◉臨床心理学の研究から――反すうとうつ病の関連

続いて、臨床心理学の立場から反すうがどのように研究されてきたかを紹介します。

反すうに対する臨床心理学の研究が本格的に始まったのは、うつ病の有病率の性差（女性のほうが男性より約二倍多い）を説明する心理学的要因として注目されたことがきっかけでした（ノーレン＝ホークセマらの研究）。その後、反すうがうつ病・不安症へとつながる要因であることを示す研究が蓄積され、反すうをターゲットにした心理学的支援法が開発されました（ワトキンスらの研究）。

◉日常的な気分の落ちこみに対する反応の仕方がその後を左右する
——ノーレン＝ホークセマの反応スタイル理論

米国のスーザン・ノーレン＝ホークセマ（Susan Nolen-Hoeksema）は、「ちょっとした（軽度～中等度の）気分の落ちこみは誰もが経験するものの、そこからうつ病へと発展するかどうかには個人差がある」ということと、「男性よりも女性のほうがうつ病を発症する割合が約二倍高い」ということに注目しました。そして、「誰でも経験する『落ちこんだ気分』に対して、どのように反応するか——そのことを繰り返しネガティブに考えるのか、それとも別のことをしたり楽しいことを考えようとしたりするのか——によって、うつ病につながるかどうかが左右される」という理論を発表しました。これを**反応スタイル理論（Response Styles Theory）**と呼びます。[1,2,3] ノーレン＝ホークセマは、誰でも経験する気分の落ちこみに対する反応の仕方（スタイル）こそが、抑うつの持続期間や重さを左右すると考えたのです。そして、繰り返しネガティブに考えることでうつ病につながりやすい反応の仕方を、**反すう的な反応の仕方**と定義しました。ノーレン＝ホークセマによると、反すうとは「うつ症状やそれと関連する状況について、繰り返し否定的に考えること」です。「どうしてこんな気分になるのだろう」「私の何がいけないのだろう」「こんな気分では仕事がちゃんとできない」といった考えが当てはまります。また、反すう的な反応スタイルは思春期ごろから形成され、個人の中で比較的安定した傾向になる（＝ある事象について反すうしやすい人は、他の事象についても反すうしやすい）ことも示しました。

○反応スタイル理論を裏付ける研究

ノーレン＝ホークセマが行った一連の研究から、反すうがうつ病の発症・維持に関係することが示されました。ここでは、彼女が行った代表的な研究をいくつか紹介します。

代表的な研究として、一九九一年に発表された、大学生を対象に大震災が起きる前後で反すうの影響を調べた追跡調査があります。[4]最初の調査の実施後にたまたま大震災が起きたため、その影響を調べることができたのでした。この調査の結果、震災前の時点で反すうしやすい人ほど、震災後の抑うつ傾向が高いことが示されました。さらに、反すうは問題解決とは関連しないことも示されました。また、一九九四年に発表された、近親者との死別を経験した二五三名の成人を対象としたインタビュー形式による追跡調査[5]の結果、死別後のうつ傾向が高い人ほど反すうしやすいこと、死別一カ月後に反すうしやすい人ほど、将来（六カ月後）に抑うつ的になりやすいことが示されました。続いて、二〇〇〇年に発表された、一般成人一、一三二名を対象とした一年間の追跡インタビュー調査[6]の結果から、反すう傾向が高い人ほど一年後に抑うつ的である傾向が高く、うつ病を発症するリスクが高いことが示されました。

これらの結果が、調査対象者のもともとの抑うつ傾向の影響を考慮したうえでも示されたことから、反すうが将来の抑うつを独自に規定する要因として一躍注目を浴びることになりました。

◯なぜ反すうはうつ病につながるのか

では、なぜ反すうはうつ病につながるのでしょうか。反応スタイル理論では、以下に挙げる四つの理由が考えられています。

HINT!

①反すうすることで、ネガティブな考えや記憶が引き起こされるため：反すうすることで、否定的な考えや記憶が引き起こされやすくなります。それによって気持ちがさらに落ちこみ、落ちこむとまた反すうが生じて考えがさらにネガティブになる……という悪循環を生み出す、という見解です。

②反すうすることで、効果的な問題解決が阻害されるため：反すうにより、問題や困難を抱えた状況で、解決に向けた具体的な行動をとることが難しくなります。解決につながらないため、問題が維持されてしまい、さらにぐるぐると考えこんでネガティブな気持ちになります。

③反すうすることで、行動を起こすことが難しくなるため：人はさまざまな行動をとることで、「楽しい」「心地よい」といったポジティブな感情を抱いたり、たとえちょっとしたことであっても、「自分には〇〇ができる」「上手くなった」とコントロール感や上達を感じます。こういった感情は、人が精神的な健康を維持する上で極めて重要です。反すうすることによって、こういった感情を感じさせてくれる行動をとることが難しくなります。

④反すうすることで、周囲の人からサポートが得られにくくなるため：反すうしやすい人ほど、対人関係の中でうまくふるまいにくい傾向があると指摘されています。「どうふるまえばよいのだろう……」と反すうする場合もあれば、「〇〇と答えたらよいと思うけれど、実際には行動できない……」というように考えには至るけれど行動に移せない場合など、いろいろな場合があります。こういった対人関係の取り方から、周囲の人からサポートを得るのが難しくなることがしばしばあります。

反応スタイル理論が依拠するこういった考え方は、つまるところ「反すうが感情や気分、物事の捉え方や行動（問題解決、社会的・対人行動）に影響し、それらがまた反すうを強める、という悪循環を生み出す」という見方です。反応スタイル理論が登場し、さまざまな研究の結果がそれを支持したことで、反すうがうつ病につながることが示され、反すうのプロセスに直接働きかける支援方法がうつ病の治療や予防に役立つ可能性が示唆されたと言えます。

◉ワトキンスの処理モード理論

ノーレン＝ホークセマの反応スタイル理論を支持する研究結果が多く得られた一方で、反すうの影響をさらに詳しく調べた結果、「すべての反すうが悪い方向に働くわけではないようだ」と主張する研究者が後に登場します。反すうが、ある一定の特徴を示すときに非適応的な方向に働くという考え方です。その代表的な考え方が、英国のエドワード・ワトキンス（Edward Watkins）による処理モード理論（Processing Mode Theory）です[7、8]。

処理モード理論では、反すうの中でも、具体的な状況の文脈から離れ、全般的・評価的・抽象的な考え方をするとき（例えば「私は**何をやっても**ダメだ」「**誰も**私のことなんて好きじゃない」）には、ネガティブな結果につながりやすい一方、文脈に即して具体的・場面限定的に考える場合（「今回の試験では、二番目の問題でうまく解けなかったが、それは昨夜あまり眠れなかったので頭がうまく働いていなかったからだ。三番目の問題はそれなりにできたと思う」）には、繰り返し考えることがそこまでネガティブな影響をもたらさない、とされています。反すう中の考えの水準の違いによって、反すうがうつにつながるか、つながらないかが左右されるという理論です。

○処理モード理論を裏付ける研究

処理モード理論を裏付ける結果も、数多くの実験的研究から示されました。中でも代表的な研究は、ワトキンスらによって二〇〇八年に発表されました。[8] この研究では、一連の実験の中で、ストレス状況（解くことのできないアナグラム問題［文字を並び替えて単語を作る問題］）の後に、文脈に即した具体的なモードで考えてもらう場合と、文脈から離れて抽象的なモードで考えてもらう場合の結果を比較しました。その結果、具体モードで考えた場合に、抽象モードで考えた場合と比較して、ストレス状況を経験した後の否定的な感情が低いことが示されました。

他にも、ワトキンスらが行った研究から、もともと反すうしやすい人やうつ傾向が高い人が抽象モードで考えることによって、具体モードで考える場合と比較して、失敗経験後に自分と関連する記憶を全般的に・ざっくりと思い出す傾向が高くなり（例：「いつも失敗する」）[9、10]、対人場面での問題・葛藤の解決が阻害され[11]、否定的感情[上記の8のほか、12、13]が高いことが示されました。これらはいずれも処理モード理論を支持する結果と言えます。

◯処理モード理論の応用

反応スタイル理論を発展させた処理モード理論が登場したことで、反すう思考の中でも文脈から離れた抽象的・全般的な思考が抑うつをより強く予測することが示されました。ワトキンスはそういった知見に基づいて、抽象的な反すう思考を支援や治療の直接のターゲットとし、そのプロセスを変容することでうつや不安を改善できるのではないか、と考えました。反すう思考をターゲットにした支援法はいくつか開発されていますが、その一つがワトキンスによる反すう焦点化認知行動療法（ＲＦＣＢＴ）です[14]。ＲＦＣＢＴの中には、反すうモードではなく具体モードを促すことで、抑うつ的な反すうから抜け出すための方略が数多く紹介されています。本書の内容も、このＲＦＣＢＴに基づいています。こういった、反すうに焦点を当てた支援法によって、狙い通りに抑うつ的な反すうが減少し、それによってうつの改善につながる可能性が実際に示唆されています[15]。

また、ワトキンスはその後処理モード理論をさらに発展させ、より包括的な反すうのヘキサゴンモデル（Ｈ-Ｅｘ-Ａ-Ｇｏ-Ｎモデル[16]）を提唱しています。これは、反すうの形成・維持に関わる要因として、習慣、実行機能、抽象モード、目標と現実の差、否定的なバイアスという五つの役割を重視する見解であり、処理モード理論の発展形ということができます。このヘキサゴンモデルは登場してからまだ日が浅いため、本当にデータから裏付けられるのか、今後も検証を行っていく必要があります。

◉反すう焦点化認知行動療法（RFCBT）

支援方法としてのRFCBTについては、マニュアル[14]に詳しく記述されているため、研究者や支援者・治療者の方はそちらをご覧ください。ここでは、RFCBTの特徴を簡単に紹介します。

○RFCBTの特徴

RFCBTの大きな特徴としては、以下の点が挙げられます。

HINT!

- 反すうの機能に注目する：プロセス志向的で具体的・事実に基づく建設的な反すうと、抽象的・評価的・非建設的な反すうとを区別して捉える。
- 情報処理のモードを、非建設的な反すうモードから、建設的な考え方のモードへとシフトさせることを目指す。
- その際に、以下の技法を用いる：機能分析、体験的エクササイズ、イメージエクサ

サイズ、行動実験、具体モード（本書第5章参照）、没頭モード（第6章）、コンパッションモード（第7章）

○ＲＦＣＢＴの基盤にある考え方

支援法としてのＲＦＣＢＴのベースにある考え方は以下の通りです。

①繰り返すネガティブな思考（＝反すう、心配）と回避がうつを持続させる。

②反すう・回避は正常な反応であり、適切な状況下で限られた時間行う分には有効である。

③それらが過剰になったとき・バランスが崩れたときに問題になる。

④過剰になるのは、過去の経験に基づく「過剰学習」による。観察学習や、過去に反すうが有効であった経験から学習される。

⑤学習された反すうは、繰り返し用いられることで習慣化する。その結果、自動的に・意識しないうちに（文脈や感情を手がかりとして）始まるようになる。

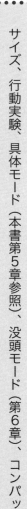

⑥反すうが学習されて身についたのと同様に、反すうとは異なる対処方法も学習可能であり、それによって反すうを置き換えることができる。
⑦RFCBTでは、新しい適応的な対処方法を、クライエント自身の体験の中から見つけ再学習を促す。支援者は広い視点からコーチングを行う。
⑧学習された習慣である反すうを変えるには、反すうのきっかけとなる状況・出来事に対する気づきを高め、習慣を変えるために繰り返し練習することが重要である。時間と労力がかかるが、不可能ではない。

○RFCBTの原則

また、RFCBTでは次の事項が原則とされます。

HINT!

①反すうは誰でも経験するもので、異常な体験ではないことを繰り返し共有する
②反すうを明確な支援・治療のターゲットとして位置づける
③ACESの法則：能動的（Active）、具体的（Concrete）、体験的

（Experiential）、場面特有（Specific）な行動を増やすアプローチをとる
④思考・行動の内容ではなく機能（役割）を分析する機能分析的アプローチをとる
⑤行動とトリガー・危険サインをリンクさせる
⑥反復練習を重視する
⑦適応的な思考スタイルへのシフトを目指す
⑧心理療法の共通要因を重視する：温かさ、共感、前向きさ、肯定、辛抱強さ

○RFCBTのエビデンス

このような特徴をもつRFCBTですが、以下に挙げる状態像や目的について、有効性を示すエビデンスが、ランダム化比較試験と呼ばれる厳密なデザインに則った効果研究によって示されています。

HINT!
・うつ病の残遺症状（＝薬物療法を受けてうつ病が改善した後に部分的に残る症状）[17]

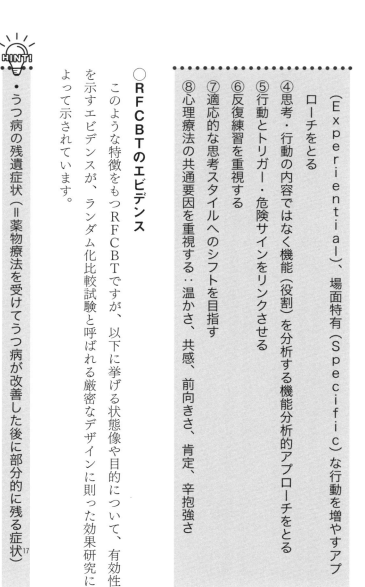

・うつ病の治療・支援[18、19]
・うつ病・不安症の予防[20]

●反すうに関するその他の心理学的知見

○人は何歳ごろから反すうするか

ノーレン＝ホークセマは、うつ病や抑うつに性差がみられはじめる青年期の初めころ（大体十三〜十五歳ごろ）には、反すうの性差が認められるようになるのではないか（つまり、反すうするようになるのではないか）と仮説しました。[21] 後に行われた研究でも、性別による反すう傾向の差は十二歳からみられるとされており、[22] 反すうしやすい傾向はこれくらいの年代から始まると考えられています。

○反すうと「自動思考」の違い

ノーレン＝ホークセマが提唱した反すうは、否定的な考えを伴います。そのため、心理学を勉強している人からすれば、従来型の認知行動療法における否定的な「自動思考」（＝その時々に瞬間的に浮かぶ考えやイメージ）とどこが違うのだろう、と不思議に思われるかもしれません。

ノーレン＝ホークセマによれば、反すうと否定的な自動思考との間には、次に挙げる違いがあります。反すう的な反応スタイルは、自分自身の感情や気分の状態に焦点を当て、気分を紛らわせる行動をとらせないようにする行動・思考の一連のプロセスです。気分が落ちこんでいることに気がついたときに、その気分に対して意識を向けること、「気分が落ちこんでいる」と自覚すること、そしてそれについて考えること（「なぜこんな気分になるのだろう」「なぜこんなにつらいのだろう」「他の人は普通にできているのに、なぜ私だけできないのだろう？」）が含まれます。反すうの結果として否定的な思考が生じることはありますが、反すうはこのように、**自分自身の感情や気分の状態に意識を向けることから始まる一連のプロセス**なのです。

●振り返り――第2章のポイント

・反すうには、デフォルトモードネットワークと呼ばれる脳内ネットワークが関わっていることが脳画像研究から明らかになってきました。デフォルトモードネットワークが活動し、脳のアイドリング状態が続くことで、何もしていなくても脳が疲れやすい状態になると考えられます。

・誰もが経験する気分の落ち込みに対する反応の仕方によって、うつ病へと発展するかそうでないかが左右される、とする反応スタイル理論をきっかけに、反すうはうつ病につながる要因として臨床心理学において注目されるようになりました。

・すべての反すうがうつ病につながるのではなく、抽象的・全般的なものがうつ病につながるのだ、という処理モード理論の登場により、反すうの理解が一層進みました。

・処理モード理論を下敷きにした反すう焦点化認知行動療法は、反すうを軽減し、うつ病や不安症の治療・予防に役立つことが示されています。

第3章

反すうするとどんな結果になるだろう？

――反すうの「役割」を探ろう

ストレスを感じたときに私たちが取る対処方法、つまり行動や反応には、効果的なものと効果的でないものとがある、ということを第1章で見てきました。私たちがとっている行動は、**効果的な対処方法と効果的でない対処方法**のいずれかに分けることができます。

ですが、誰もが効果的な対処方法ばかりを行っている、あるいは効果的でない対処方法ばかりを行っているというわけではありません。さまざまな方法を試みて、時にはうまくいったり、時にはうまくいかなかったり。そういったことを繰り返しながら、困難な状況に対してよりよく対処する術《すべ》を学んでいるのではないでしょうか。

第3章では、私たちが日々行っている対処方法をより詳細に振り返ってみましょう。特に、そういった対処方法がどんな役割をもっていて、どんな結果をもたらしているのかに注目します。

◉対処方法を振り返ってみよう――反すう・心配ダイアリー

ある対処方法が習慣になってしまっているとき、それを変えるためにはどうしたらよいでしょうか？　習慣を変えるための第一歩は、その行動をしていることに気づくことです。気づくための一番の方法は、日記をつけることです。ここでは、気持ちや考え、行動の変化に注目した日記——反すう・心配ダイアリーを紹介します。

まずはこの本のダイアリーの例に直接書き入れてみましょう。二回目以降は同じ要領で、ノートなどに書き写すか、コピーを取ったりして、書いてもらえたらと思います。

EXERCISE

まず次のことを考えてください。

- ここ二、三日の間で、あなたがネガティブな気分になったとき——落ちこんだとき、気持ちが沈んだとき、不安になったとき、腹が立ったときなど——のことを思い出してください。
- どういう状況でしたか。どんな気持ちになり、どんなふうに対処・行動しましたか。その結果、どうなったでしょうか。

以上のことを、上段（「ネガティブな気分になったとき」）に書き入れます。

・次に、ここ二、三日の間で、あなたがポジティブな気分になったとき――楽しかったとき、嬉しかったとき、感動したとき――のことを思い出してください。どういう状況でしたか。どんな気持ちになり、どんなふうに対処・行動しましたか。その結果、どうなったでしょうか。

その時のことを、下段（「ポジティブな気分になったとき」）に先ほどと同じように書き入れます。

次の実際のダイアリーではBさんが「ネガティブな気分になったとき」について書き入れた例を最上段に示しています。参考にしながら、ご自分でも記入してみてください。

CHECK!

○反すう・心配ダイアリーとBさんの例

項目	（記入例）Bさんがネガティブな気分になったとき	ネガティブな気分になったとき	ポジティブな気分になったとき
状況：いつ、どこで、誰と、何をしている時でしたか？	二日前の夜、家に一人でいた時。		
何がありましたか？何が起きましたか？	やらないといけないことはたくさんあるが何もせずにいた。		
その時の気持ちと強さ（例：悲しい：10、嬉しい：8［10：最も強い〜0：最も弱い］）。	沈んだ気持ち：10 悲しさ：8		

項目	その状況に対してどのように対処しましたか？　反すう・心配をしていましたか？	そのように対処した結果、どうなりましたか？　どんなことが起きましたか？	そのように対処した結果、あなたの気持ちはどうなりましたか？　状況はどう変化しましたか？
（記入例）Bさんがネガティブな気分になったとき	最近の自分の言動を振り返り、「あれはよくなかった」「ああすればよかった」と今更どうしようもないことを考え込んでいた。	体が重く感じた。何をする気も起きなくなった。	気持ちがより一層落ちこんだ。状況は変化しなかった。
ネガティブな気分になったとき			
ポジティブな気分になったとき			

◯反すう・心配ダイアリーで気づくこと

反すう・心配ダイアリーをつけることで、以下のことに気づくことができるかもしれません。

HINT!

①日々の生活の中で、どういったときに反すう・心配が起きるか。
②反すう・心配が、あなたの気持ちや行動にどのような影響を与えているか。
③ポジティブな気持ちを感じたり、問題の解決に向けて前向きな対処ができたりするのは、どのようなときか。
④反対に、効果的でない対処方法をとってしまうのは、どのようなときか。

私たちは誰であっても、日々の生活の中でネガティブな気持ちとポジティブな気持ちの両方を感じます。たとえ今つらく苦しい状態にある人であっても、これまでまったくポジティブな気持ちを感じたことがない、という人はいないはずです。

では、ネガティブな気持ちになるときと、ポジティブな気持ちになるときとでは、何が違っているのでしょうか。どういったときにネガティブな気持ちになりやすく、どういったときにポジティブな気持ちになりやすいでしょうか。

ある気持ちを感じたときに、**その事態についてどう考えるか**によってネガティブな気持ちが増幅されたり、逆に弱まったりすることがあるかもしれません（ポジティブな気持ちについても同様です）。反すう・心配ダイアリーをつけることで、そんなふうに事態についてどう考えるかが、その後の気持ちやその強さを左右する、ということに気がつくことがあるかもしれません。

次のセクションでは、反すうをすることで私たちの中でどんな変化が生じるのかをさらに詳しくみてみましょう。

◉反すうは何をもたらす？——反すうの結果を調べてみよう

反すうをしていると、どんなことが起きるでしょうか？　あなた自身に当てはまるものすべてに〇をつけてみてください。

○反すうの結果チェックリスト

項目	当てはまる	当てはまらない
問題を解決するための行動が取れなくなる		
悲しみ、怒り、不安といったネガティブな気持ちになり、それが続く		
疲れて何をする気も起きなくなる		
眠れなくなる、あるいは眠りすぎる		
問題解決を妨げる		
考えてばかりになり、行動を起こすことが難しくなる		
物事に集中できなくなる		
自分の周りで起きていることに実感が持てなくなる		

項目	当てはまる	当てはまらない
少ない情報から過度に一般化して考えてしまい、広い視野から物事を捉えることが難しくなる		
以前は楽しめたことが楽しめなくなる		
人と距離を置くようになる		
問題解決に役立つ		
物事に真剣に取り組むことができる		

「反すうの結果チェックリスト」のうち、いくつが当てはまったでしょうか。これで、あなたにとって反すうがどういった結果をもたらすのかをチェックすることができます。

○反すう・心配を続けているとどうなるか

一般的に、反すう・心配を続けていると、次のような事態になると言われています。あなた自身にはどの程度当てはまるでしょうか。

反すうを続けていると……

●うまくいかなかったことや納得がいかないことに対して、理由や原因を追求し続ける。

●その結果、次のような言葉を自分自身の頭の中で繰り返す。

「この出来事は、自分にとって何を意味するのだろう？」

「なぜこんなことが起きたのだろう？」

「自分の何がいけないのだろう？」

「なぜ思い通りにいかないのだろう？」

「なぜこんな暗い気持ち・嫌な気持ちになるのだろう？」

「なぜ人からこんな目にばかり合わされるのだろう？」

「どうして自分はこんなにダメな人間なのだろう？」

●こうした言葉を自分自身にかけ続けるうちに、思い通りにいかないことが増え続け、ますます自分自身を追い詰めてしまう。

心配を続けていると……

- たくさんのことが悪い結果につながるように思えて、心配ごとが尽きない。
- その結果、次のような言葉を自分自身の頭の中で繰り返す。

「自分のせいですべて台無しになったらどうしよう?」

「試験(プレゼン・面接)でうまくいかなかったらどうしよう?」

「仕事がなくなったらどうしよう?」

「失敗したらどうしよう?」

「誰かを傷つけてしまったらどうしよう?」

「嫌われてしまったらどうしよう?」

- 気になることが増えると、ますます心配・不安が増え、やがて身動きが取れない状態になってしまう。

◉どうして反すうするのだろう？――ぐるぐる思考の役割

一見役に立たず、問題を解決するのに効果的でないように思える反すう。では、私たちはどうして反すうをするのでしょうか？　ぐるぐる思考が多くなって、身動きが取れなくなってしまうのはなぜでしょうか？　反すうが習慣になるということは、そうなるだけの理由があるはずです。問題や困りごとについて何度も繰り返し考え続けることが、問題の解決につながることも、毎回とは限りませんが実際にあるかもしれません。

効果的な対処の方法をとれるようにしていく上でのポイントは、ぐるぐると考えこむ**反すうのデメリットを探すのではなく、よりメリットが大きい他の対処の方法を探す**ことです。そのためには、反すうがどんな役割を持っているのか、反すうにどんなメリットやデメリットがあるのかを理解しておくことが大切です。

あなたにとって、反すうはどんな役割を持っているでしょうか？　次のチェックリストの当てはまる欄に○を書き入れてみてください。

○反すうの役割チェックリスト

ぐるぐると考えこむ（反すうをする）ことで……	当てはまる	当てはまらない
失敗や間違いを防ぐ		
問題や悩み事に向き合い、理解する		
問題に対処したり、物事をうまくやりくりしたりする		
自分自身を奮起させ、やる気やモチベーションを高める		
問題に挑み、解決する		
行動を起こす前に頭の中でいろいろ試してみて、最善の方法を探す		
現実世界で行動するより安全な頭の中で行動する		
行動を先延ばしにできる		
自分自身に対して厳しく批判的でいられる		

相手の考えを読み取り、トラブルを避ける		
気持ちを切り替える		
なりたくないと思う人のように自分がなってしまうのを防ぐ		
失敗や恥をかく事態を避ける		
自分の感じ方を正当化できる		
大切なことを台無しにしてしまわないようにする		
その他：思いつくものがあれば自由に書いてください （　　　　　　　　　　）		

◉反すう思考の役割別・対処方法の候補

先ほどのチェックリストで特定した反すうの役割によって、有効となる対処の方法も変わってきます。ここでは、反すうの主な役割ごとに、役に立つ可能性が高い方法を簡単に紹介します。それぞれの方法について、詳しくは本書の該当するページを読んでいただけたらと思います。

○反すうの役割が「問題や事態について理解を深め、効果的に対処したい」という場合

困難な事態に直面したり、問題を抱えていたりするときほど、何が起きたのか、どのように起きたのかをよく理解したい、と考えるのは自然なことです。しかし、こういった考えがバランスを失うと、考えが行動につながらず、次々に考えを生み出す結果になり、状況に対処するための行動へとつながりにくくなります。

こういったときは、以下の方法が役に立つ可能性が考えられます。

HINT!

- 活動的になる・実際に行動を起こしてみる（↓104ページ）
- いつもとは真逆の行動をとってみる（↓108ページ）
- 具体モードで対処する（↓第5章）

◯反すうの役割が「失敗や間違いを避ける、あるいは頭の中でリハーサルをするため」という場合

じっくりと考えこんでおかないと、失敗や間違いをしでかすのではないかと心配になり、そういったことから反すうをする場合があります。頭の中で何度も確認したりリハーサルをしたりすることで、その時は安心感が得られますが、実際に行動を起こす段階になるとまた不安になり、また考えこんでしまう……という場合が多いようです。

こういったときは、以下の方法が役に立つ可能性があります。

HINT!

- 深呼吸をして少し落ち着いてから取り組む（↓102ページ）
- 活動的になる・実際に行動を起こしてみる（↓104ページ）

- 問題をスモールステップに細分化してじっくり取り組む（↓106ページ）
- いつもとは真逆の行動をとってみる（↓108ページ）
- 没頭モードで対処する（↓第6章）
- コンパッションモードで対処する（↓第7章）

○反すうの役割が「現実に行動を起こすことが怖く、行動を先延ばしにしたい」という場合

行動を起こすことや、その結果を知ることには、勇気がいります。行動を起こすのが怖く、先延ばしにしたいために反すうする、という場合もあるかもしれません。

そういったときは、以下の方法が役に立つ可能性があります。

HINT!

- 深呼吸をして少し落ち着いてから取り組む（↓102ページ）
- 問題をスモールステップに細分化してじっくり取り組む（↓106ページ）
- いつもとは真逆の行動をとってみる（↓108ページ）

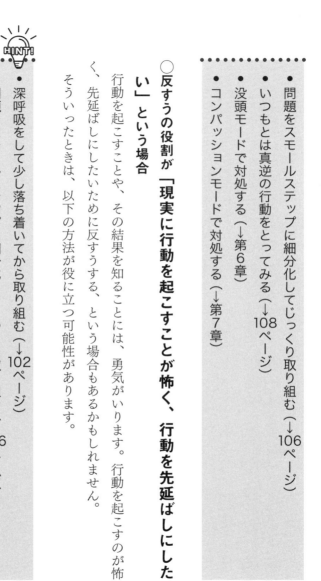

● コンパッションモードで対処する（↓第7章）

○反すうの役割が「自分自身に批判的であることで、モチベーションを高めたり、なりたくない人にならないようにする」という場合

「自分に厳しくしないと、自分自身に甘いダメ人間になってしまう」。そのように考えて、心の中で自分自身に向けて厳しい言葉を発し続ける人は少なくありません。これはある程度元気で物事がうまく回っているうちは良いのですが、エネルギーが不足しているときや、うまくいく可能性が低いときにこの方法をとってしまうと、エネルギーが枯渇したり、やる気を失ってしまうことがあります。また、この方法は短期的にはうまくいくことがあっても、長期的にみると疲弊してしまう場合が少なくありません。

こういったときは、以下の方法が役に立つかもしれません。

HINT!

● 深呼吸をして少し落ち着いてから取り組む（↓102ページ）
● いつもとは真逆の行動をとってみる（↓108ページ）

● コンパッションモードで対処する（↓第7章）

○反すうの役割が「相手の意図を読み取るため」という場合

対人関係の中で起きたことについて反すうすることもよくあります。そういったとき、つい「相手の意図や本心が知りたい」と考えてしまいますが、多くの場合相手の意図や本心は分かりにくいものです。

相手の意図や腹の内を探ろうとして反すうを繰り返してしまうときは、以下の方法が役に立つ可能性があります。

HINT!

● いつもとは真逆の行動をとってみる（↓108ページ）
● 具体モードで対処する（↓第5章）
● コンパッションモードで対処する（↓第7章）
● アサーティブなコミュニケーションをする（↓第8章）

◯反すうの役割が「自分の感じ方を正当化できる」という場合

「自分自身が感じたことや考えたことが正しかったのだ」、「自分は間違っていない」と思いたいために反すうしてしまうことも、私たちにはよくあることです。自分自身に対して自信をもつことができるのは良いことですが、その手段として反すうを選択してしまうと、結果として疲弊してしまったり、考えが時によからぬ方向に進んで気分が沈んでしまったりすることがあるかもしれません。

こういったときには、以下の方法が役に立つ可能性があります。

HINT!

- コンパッションモードで対処する（↓第7章）
- アサーティブなコミュニケーションをする（↓第8章）

反すうの役割を特定できたからといって、これらの方法がすべての人に役に立つというわけではありません。あくまで参考として眺めつつ、これ以降の章を読んでいただけたらと思います。

◉役に立たない反すうを見分ける三つのポイント

繰り返しになりますが、ぐるぐると考えこむことのすべてが悪いわけではありません。一つの事柄について、時間をかけて何度もじっくりと考えこむことが役に立つ場合もあるでしょう。実際、反すうをしやすい人ほど、それが問題解決や困難な事態の克服に役立つと信じている傾向があります（実際に役に立っているかは、また別の話です）。

反すうが役に立ちそうに思える、あるいは実際に役に立つ場面があるかもしれない一方で、そういったぐるぐる思考が役に立たなくなり、考えてはいるけれど先に進むことができずつらさばかり感じてしまう、という事態になることもしばしばあります。そういった時は、前ページまでご紹介した反すうとは異なる方法で事態に対処できると良いかもしれません。

それでは、反すうはどんなときに役に立って、どんなときに役に立たないでしょうか？見分けるためのポイントを三つ紹介します。

HINT!

①「今考えていることに正解や答えはあるだろうか？」と自問してみる

今考えている事柄には、答えや正解があるでしょうか？ 答えがないことなのに、答えを求めてぐるぐると考えこんでいないでしょうか？

答えを一つに絞ることができない場合や、答えが時と場合によってコロコロ変わってしまう場合（相手が何を意図しているかを考える場合など）は、何度も繰り返し考えたとしても、あまり役に立たないかもしれません。次のような場合がその例です。

- 相手が何を考えているか、どう感じているかなど、他の人の考え・気持ちについて考えている場合。
- 哲学的な問いや実存的な問いについて考えている場合（「自分は何者だろう？」「どうして人間は愚かなのだろう？」etc.）。
- 「どうして自分はいつもこうなのだろう？」と考える場合。

②ひとしきり考えてみて、結論やアイデアを思いつくかチェックしてみる

本書を手に取った方には、物事をじっくり考える傾向がある人が多いと思います。

では、実際にどの程度の時間、考えているでしょうか。

一般的に、一つの事柄について三〇分間集中して考えると、大体の問題については答えが出る、と言われています。逆に言うと、三〇分を大きく超えて考えてしまっているなら、それ以上考え続けても良いアイデアを思いつく可能性は低いと言えるでしょう。そういったときは、思いきって考えるのをいったんやめてしまうのも一つの手です。考えるのをいったんやめて、まったく別のことをし、問題の存在すら忘れかけていた時にふと良いアイデアを思いついたりするのは、意外によくあることです。

③考えることが決断や行動につながっているかチェックしてみる

「ある問題や悩み事について考えていると、次々と考えが浮かんできてしまい、まとまらない」ということはないでしょうか。そういったときは、考えが漠然としすぎていて、反すうや心配が続く悪循環にはまり込んでいるのかもしれません。問題について考えることが、計画や決断、行動につながっているかをチェックしてみましょう。

決断や行動につながらないときには、考えるのをいったんやめたり、目標を立て直すことも、大切な決断です。

◉振り返り――第3章のポイント

第3章はここまでです。第3章では、以下のことを学びました。

- ネガティブな気分になったときとポジティブな気分になったときの状況・行動・考え（対処方法）の違いを比べる方法として、反すう・心配ダイアリーを紹介しました。
- 反すうが何をもたらすか、というあなた自身にとっての反すうの役割を調べました。
- 効果的でない反すうを見分ける三つのポイントを紹介しました。

次の第4章からは、習慣になった厄介な反すうから抜け出すためのポイントを紹介していきます。

第4章

どんなときに反すうしやすいだろう？

——反すうにつながる「危険サイン」を探し、別の方法で対処する準備をしよう

◉変化を起こすには気づくことから——反すうに対する気づきを高めよう

ここまでの章で、反すうや心配といったぐるぐる思考が心理的な習慣になることを説明しました。ストレスを感じるときや困難な状況では、反すうや心配が自分の意図とは関係なく自動的に生じます（＝意図しなくても、習慣化した「反すうモード」になる）。習慣になったぐるぐる思考は、私たち自身も気づかないうちに始まり、自力で止めることが難しくなります。こういった習慣を変えて、より前向きな対処方法がとれるお手伝いをすることが、本書の目的です。

習慣を変えるために最初にできる第一歩は、その習慣をしていることに気づくことだとお伝えしました。第4章では、習慣となった反すうがどのように起きてくるのか、さらに詳しくみていきましょう。

◉反すうが起きるのはどんなとき？——反すうにつながる「危険サイン」

習慣となった反すうは、何の前触れもなく突然起きているのではありません。「○○さんが△△と言った。それに対して私は××と思ったので、□□と伝えた。すると、○○さんの顔色が変わった。それを見て、私は『気分を害することを言ってしまっただろうか』と考え込み始めた」というように、一連の出来事の連鎖があって、そういった出来事を私たちがどう捉えたのか、どう感じたのか、という環境と私たち自身の相互作用の中で生じます。**反すうや心配が始まるときに起きる私たちの中の変化や、反すうや心配が起きやすい場所・状況**——これらを反すうの危険サインと呼びます——が分かれば、対策が考えやすくなるかもしれません。

試しに、次のような例を用いて、反すう・心配が始まる危険サインを探してみましょう。次の文章を読んで、ぐるぐる思考が始まる前や始まるときにどんな変化が起きているか、考えてみてください。

「先週金曜の**夜**に仕事が終わった後、**友達との約束もなく、一人で家にいた時にふと寂しさを感じた。**『金曜日の夜で、みんな飲みに行ったり友達と出かけたりしているに違いない。でも自分は誰とも会わず、家で一人っきり』。そう考えると、**気持ちが沈んで不安**になった。**落ち着いていられず**、部屋の中を歩き回ったり、鏡に映った自分を見て『**自分には魅力がない**』**と思ったりした。**同じ職場の人たちは、みんな仕事もプライベートも自分より充実していて、自信にあふれているように見える。みんなには恋人や友達がいる。それなのに、**どうして自分にはいないのだろう**——そう繰り返し考えた。**きっと自分によくないところがあるからだろう**、それに気づかずに直せていないから、魅力がなく孤独なんだ、と考えた。そう考えると、何をやっても気分は晴れず、沈んだ気持ちのままだった。ベッドに入ってもそういった考えが続き、ほとんど寝られず、気がついたら朝になっていた。」

この例では、次のようなことが「このあと反すうが始まるぞ！」という危険サインである可能性が考えられます。

- 約束がなく、一人でいて孤独を感じるとき
- 何もすることがなく退屈なとき
- 夜、家の中
- 不安を感じ、ソワソワする
- 気持ちが沈む
- 「なぜ私だけ？」と考える
- 周囲と自分を比較して、自分自身についてネガティブなことを考える
- 鏡を見て自分に魅力がないと思う

反すうに限らず、私たちの行動や反応はすべて、環境との相互作用の中で起きています。そのことを図に示したのが図4-1です。図で示したように、私たちの反応（考え、気持ち、体の感覚、行動）はすべて、環境との相互作用の中で、お互いに影響しあいながら生じます（これは、先ほどの例でも見ていただいた通りです）。そして、それらはいずれも、反すうにつながる危険サインになる可能性があります。

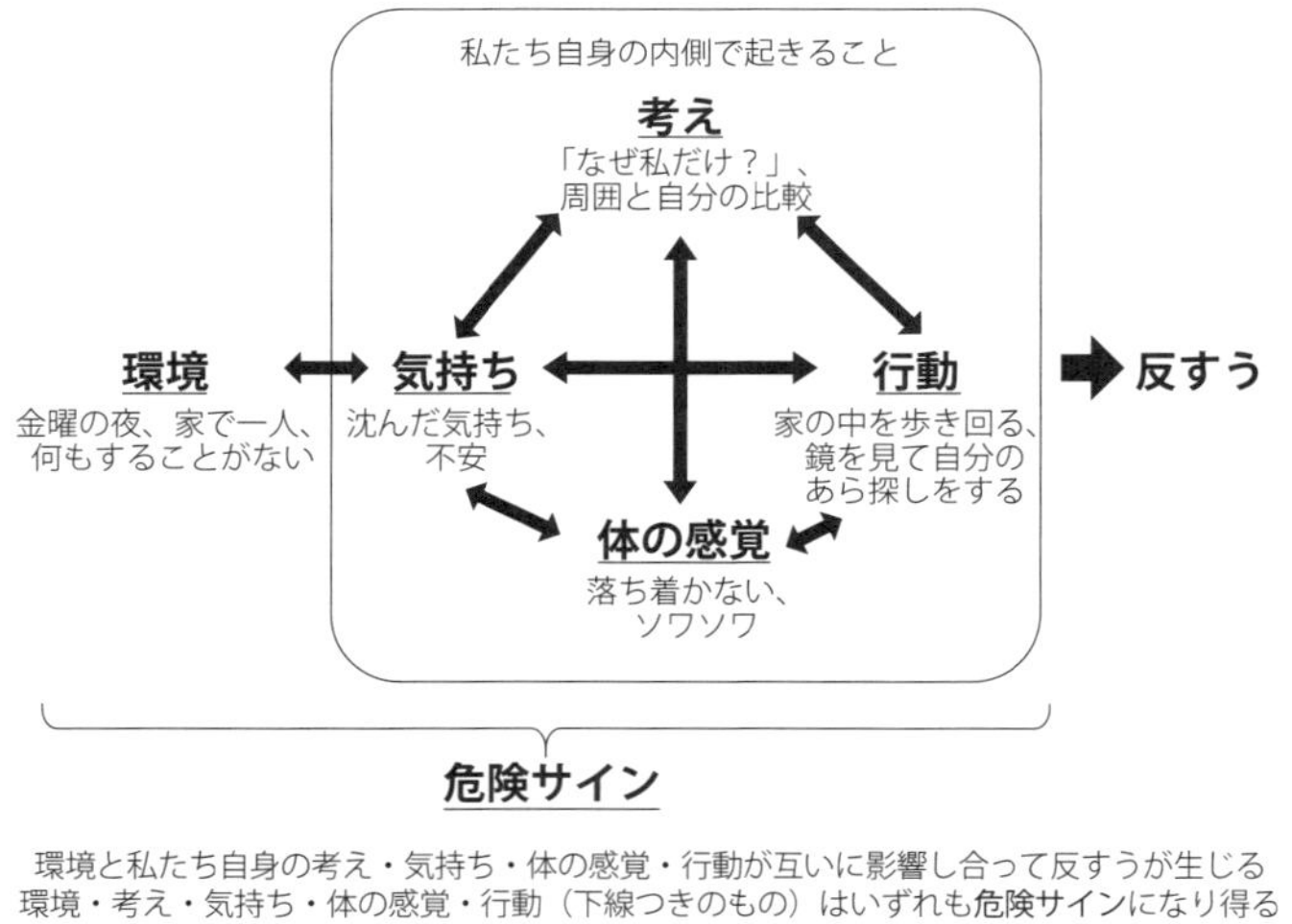

図 4-1　環境と私たちの考え・気持ち・体の感覚・行動の関係と反すう

反すうの前に起きることが多い環境・考え・気持ち・体の感覚・行動の変化が特定できれば、早い段階で対処方法をとれる可能性が高まる。

◉反すうが始まる危険サインを探そう

先ほどの例を参考にしながら、今度はあなた自身がどういったときに反すう・心配をしやすいのか（＝危険サインの候補が何か）、分析してみましょう。

危険サインを探すときには、次のように考えてみてください。

HINT!

- まず、反すうや心配が始まるときに、私たちの周りの状況に何か特徴があるかもしれません（環境の要因）。
- あるいは、私たち自身の中にも変化が起きているかもしれません。例えば、考えや気持ちの変化（特定の考えや気持ちになること）、行動の変化（ある行動をすること・しないこと）、体の感覚の変化などです。

こういった変化に意識を向けることができると、習慣化した反すうや心配に対して気がつきやすくなります。

とはいっても、いきなり危険サインを見つけることは難しいと思います。そこで、多くの人が危険サインだと認識しやすいものをリスト形式でまとめました。リストのうち、あなたの反すう・心配が始まるときに起きる変化、反すうや心配が起きる場所・状況として当てはまるものに○をつけてみてください。回答する際は、あなた自身が「反すうしやすい」と思う状況に○をつけるようにしてみてください（これまでにつけた反すう・心配ダイアリーがあれば、参考にすることで答えやすくなるかもしれません。）

○反すうしやすい状況のチェックリスト

状況・できごと	チェック欄
・やるべきことが多すぎるとき	
・プレッシャーを感じるとき	
・重要な課題をやり切れるか分からないとき	

・人から評価を受けたり、他の人と比べられたりするとき	
・大切なものを失くしたとき	
・孤独を感じるとき	
・からかわれたり、嫌がらせを受けたりしたとき	
・人から大事にされていないと感じるとき	
・何もすることがなく退屈なとき	
・急かされているとき	
・思うように物事が進まないとき	
・人から無視されたと感じたとき	
・批判やダメ出しを受けたとき	
場所・時間	**チェック欄**
・一人でいるとき	

場所・時間（つづき）	チェック欄
・音楽を聴いているとき	
・人前で発表・プレゼンをしないといけないとき	
・悲しい映画や怖い映画を見ているとき	
・何かのきっかけで、ある出来事を思い出したとき（写真、日付、歌、人物、場所など）	
・過去に経験したつらい出来事や別れと同じ日	
・自宅	
・自分の部屋	
・布団・ベッドの中	
・職場・学校にいるとき	
・朝	
・夜	

反すうが始まるとき、あなた自身やあなたの体の中ではどんな変化が起きているでしょうか。当てはまるものに○をつけてみてください。

○反すうしている時のあなたの変化のチェックリスト

体の変化	チェック欄
・肩や首、背中に力が入っているのを感じる	
・緊張を感じる	
・不安を感じる	
・イライラして怒りっぽくなる	
・声のトーンや大きさが変わる（声が大きくなる）	
・顔が紅潮する、熱っぽくなる	
・鼓動が早くなる、ドキドキする	

体の変化（つづき）	チェック欄
・ソワソワする	
・気持ちが沈む	
・体が重く、だるくなる	
・お腹がゴロゴロして落ち着かない、お腹に不快感をおぼえる	
・大声で叫びたくなる	

行動の変化	チェック欄
・活動的でなくなる	
・横になりたくなる	
・急かされたように一度にたくさんのことをしようとする	

・物事を先延ばしにする	
・人と会うのを避けるようになる	
・人に対してイライラして挑発的な態度を取るようになる	
・友達付き合いを避け、家にこもりがちになる	
・行動を起こす前に考えこんでしまう	

考えの変化	チェック欄
・一つの問題や心配事にしか意識が向かず、視野が狭くなる	
・一つのことに集中できなくなる	
・頭の中にたくさん考えが浮かんできて整理できなくなる	
・いろんなことに気が散って集中できなくなる	

考えの変化（つづき）	チェック欄
・自分で自分を疑うようになる	
・考えがすぐ脇に逸れてしまう	
・自分を責め始める	
・「どうして思うようにいかないのだろう」とばかり考える	
・「なぜ私だけ？」「私のどこがいけないの？」と考える	
・ネガティブなことばかり考えてしまう	
・どんな問題も解決できないと思ってしまう	

◉反すうや危険サインに気がついたときに対処するためのポイント

反すうや心配につながる危険サインを見つけることができれば、習慣となった反すうや心配に対して、早い段階で立ち向かう作戦を練ることができます。

とはいえ、早い段階のサインを見つけるのは、少し時間がかかるものです。まずは、反すうが起きたとき、過剰に心配しているときにそれに気づき、「今、反すう（心配）をしている」と意識できると良いでしょう。

そういったことを繰り返しているうちに、だんだんと反すう・心配に対して気がつきやすくなるはずです。そうなってきたら、反すうや心配が起きやすいパターンがないか、反すうが起きる前に共通してある危険サインがないかを、探してみると良いでしょう。

以上のことも含め、反すうのぐるぐる思考に対処するには、次の四つのステップが重要です。

HINT!

①反すう・心配が起きたときに、それに気づくこと。

②反すう・心配に気づいた時に、それまで取っていた方法（＝習慣化した反すう・心配）とは違う方法を意識的に試してみること。

③反すう・心配をしていることに気がつきやすくなったら、反すう・心配につながる

危険サインを探し、それに対する気づきを高める（危険サインの段階で対処できるように意識する）こと。そして、危険サインに気がついたときに、違った対処方法をとるようにすること。

④前項③を繰り返すこと。

このようにすることで、強いストレスを感じる状況に早い段階で対処でき、「ストレスの芽を摘む」ことができます。ストレスを感じていること、感じそうなことに自分自身で気づき、早い段階で異なる対処方法をとることでストレスの芽を摘む作戦を、本書では「もしもプラン」と呼びます。

◉「もしもプラン」

「もしもプラン」は、強いストレスを感じる状況・感じるかもしれない状況で、反すうや危険サインに気がついた時にとれる対処方法を事前に考えて準備しておく作戦です。

もしも ○○（ストレスを感じる危険サイン）に気がついたら
その時は △△（少しでも問題解決につながりそうな新しい対処方法）を実行する

という形で設定します。例を二つ挙げましょう。

①肩や背中に力が入って緊張することが、その後に反すうする危険サインになっている場合：
もしも 肩や背中に力が入り始めていることに気づいたら
その時は 疲れてしまう前に作業をやめて、好きな音楽を聴いてリラックスすることを心掛ける。少しリラックスしてから、もしくは次の日に、改めて作業に取り組む。

②夜に家に一人でいて、何もすることがない時に反すうをしやすい場合：
もしも 夜に家に一人でいて退屈だと感じたら

その時は　絵の具を使って絵を描く、という最近できていなかった活動をやってみる

もしもプランを設定することで、ストレスに早い段階で気がつきやすくなるだけでなく、早い段階で異なる対処方法をとりやすくなり、反すうや心配のループにはまり込むのを未然に防ぐことができるでしょう。もしもプランの考え方を図4-2に示したのが図4-2です。

◉もしもプラン作成のヒント――心を整えてストレスに対処する四つの方法

ここまで、「反すうや危険サインに気がついたときに、これまでと違う対処方法をとる」という、もしもプランのアイデアを紹介しました。このアイデアは、強固な反すう・心配に立ち向かうためにとても大切です。

とはいえ、反すうや心配といったぐるぐる思考は習慣になっているため、今までと違う対処方法は、はじめはなかなかとりづらいものです。そもそも、「今までと違う新しい方法なんて、できない！」「もしもプランが思いつかない！」という人もいるかもしれませ

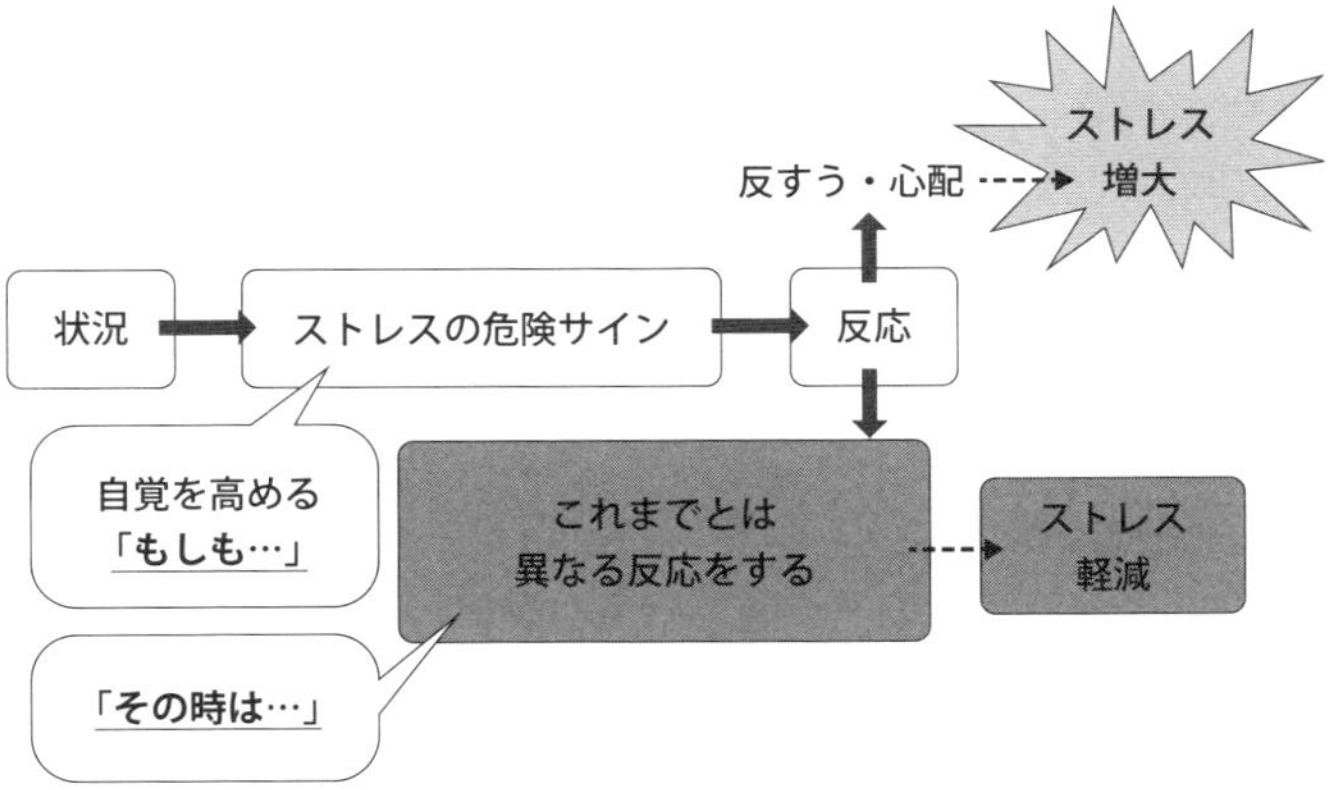

図 4-2　もしもプランの考え方

早い段階のストレスの危険サインに対する気づき・自覚を高め、反すうが広がりすぎる前に別の反応で対処することを練習する。

ん。

そこで、ここではもしもプラン作成のヒントとなる、**心を整えるのに役立つ方法**を四つ紹介します。心を整えてから問題に向き合えば、前には思いつかなかった解決策が浮かびやすくなるかもしれません。それぞれ練習してみましょう。

これらの方法は、多くの人が役立つと感じるものですが、全部があなたにとって役に立つとは限りません。また、問題を根本的に解決してくれるものでもありません。ですが、ちょっとした変化を感じさせてくれるかもしれないものです。ちょっとした変化はやがて大きな変化につながるので、小さな変化でも、感じることができればしめたものです。ぜひ、もしもプランの「その時は……」の部分に入れ込んでチャレンジみてください。

EXERCISE

1．深呼吸をして気持ちを少し落ち着かせる

イメージしてみてください。あなたは今、自宅の自分の部屋にいます（**環境**）。目の前にはやらないといけない課題が山積していて（**状況**）、締め切りまでにちゃんと

終わらせることができるかどうか自信がなく、不安に感じ（**気持ち**）、心臓がドキドキします（**体の感覚**）。焦っていろいろなことを一気にやろうとしますが（**行動**）、他の事が頭に浮かんできて（**考え**）、一向に進みません。

多くの人が、強いストレスを感じる状況です。こういったときに、どんなもしもプランで対処できるでしょうか？

⬅

やるべきことが多くてプレッシャーを感じる状況や、一気にやろうとしてうまくいかず考えこんでしまう状況が反すうの危険サインになっている場合には、まずは**ゆっくりと深呼吸をして**、気持ちを落ち着かせましょう。

気持ちが少し落ち着いたら、一つ一つの課題に順番に取り組む、あるいはやるべきことの優先順位を考えてみましょう。やるべきことが多い時ほど、気持ちを落ち着かせて一つずつに取り組むことが大切になります。

この「深呼吸をして少し落ち着いてから取り組む」という方法は、第3章でも紹介したように特に次のような場合に有効である可能性があります。

- 反すうの役割が、物事や事態にうまく対処するため、行動を先延ばしにして失敗を避けるためである場合
- 反すうによってやる気やモチベーションを高めようとしている場合

EXERCISE

2. 実際に行動を起こしてみる

こんな場面をイメージしてみてください。あなたは今、家にいます。何もやることがなく退屈で（**状況**）、なんとなく音楽を聴き始めたら、物悲しい曲が流れてきました（**環境**）。聴いているうちに体がなんとなく重くなり、だるく感じ（**体の感覚**）、横になります（**行動**）。すると、頭の中で自分のダメなところや欠点、反省点がたくさん、浮かんでは消えて行きます（**考え**）。

これも、とてもストレスを感じる状況です。こういったとき、どんなもしもプランで対処できるでしょうか？

やることがなく退屈なときや、横になって休んでいるときにぐるぐる思考をしていることに気づいたら——実はそういう時こそ、**意識的に興味のあることや楽しいことに取り組んでみる、つまり実際に行動を起こしてみるチャンスです**。行動を起こすといっても、何も大それたことをする必要はありません。友人と通話アプリでちょっと話してみる、明るい音楽を聞いてみる、といったちょっとした些細なことでかまいません。もちろん、運動やスポーツをしてみる、といった大きなことでもOKです。以前は楽しくできていたけれど最近できていないことがあれば、それを再開してみるのも一つの方法です。

この「実際に行動を起こしてみる」方法は、特に次のような場合に有効である可能性があります。

- 反すうすることで状況をよりよく理解したい、全部を把握してから行動したいと考えている場合
- 反すうの役割が、物事や事態にうまく対処するため、行動を先延ばしにして失敗を避けるためである場合

EXERCISE

3. 問題をスモールステップに分割する、細分化する

こんな場面をイメージしてみてください。あなたは今、厄介な仕事や課題をたくさん抱えています（**状況**）。家にいても締め切りのことが頭から離れず（**環境**）、不安を感じ、体は常に緊張状態です（**体の感覚**）。でも、なんだかやる気が起きず、仕事・課題に手をつけるのを先延ばしにしています（**行動**）。「果たして締め切りまでに全部終わらせられるだろうか？」と、心配になり始めています（**考え**）。

このようなストレスの大きい状況では、どんなもしもプランで対処できるでしょうか？

問題や課題が大きすぎて手に負えないと感じるときや、自分には力不足だと感じられるときは、問題を小さく細分化して、**「まずどこから手を付けたらよいか」を考えてみましょう。** 最初から完成を意識する必要はありません。取り組みやすいところ、最初のとっかかりになるところを探せばよいです。たとえば、あるテーマに沿ってレポートを書かないといけない時は、「まずはそのテーマについて書かれた本をインターネット上で探してみる」というように、課題に手をつけるための第一歩を考えてみましょう。

この、「問題をスモールステップに細分化する」方法は、特に次のような場合に有効である可能性があります。

・反すうの役割が、物事や事態にうまく対処するため、失敗を避けるためである場合
・やる気やモチベーションを高めるために反すうをしている場合

EXERCISE

4. いつもとは正反対の行動をとってみる

ストレスを感じたりぐるぐる考えこんだりすることが、つらく苦しい感情・感覚を引き起こすきっかけになっていることがあります。そういったときは、**今までとは逆の考えをしてみる**、あるいは**まったく違った気持ちにしてくれる行動を試してみる**とよいかもしれません。例えば、次のような感じです。

・緊張したりイライラしたりしている時こそ、あえて穏やかな気持ちでリラックスできることに意識を集中させてみる。

・気持ちが沈んで元気が出ない時こそ、あえて前向きで元気が出るようなことをしてみる。

これが、いつもとは正反対の行動をとってみる、というやり方です。

「そうは言うけれど、いつもと違う方法なんてできない!」という方のために、正反対の行動を取る時のポイントを紹介します。

・**まずは姿勢や仕草から変えてみましょう**:私たちが何気なくとっている姿勢や仕草は、実は感情に関わる情報を脳に送っています。そのため、シンプルに姿勢や仕草を変えるだけでも、感じる感情は変わってくるのです。ぐるぐると考えこむとき、多くの人は前のめりでうつむき加減になっています。そういった時は、背筋を伸ばして顎を引いて、斜め上くらいをみるようにしてみると、気分がちょっと変わることがあります。

・**顔の表情を変えてみましょう**：私たちはふつう、表情は感情が外に表れたものだと考えます。しかし、実は表情によって私たちが感じる感情は変わってきます。表情を変えると、感じる感情の強さや種類が変わることがあるのです。ちょっとつらく感じることがあっても、意識的に笑顔を作ってみると、気分が変わり、大したことではない、なんとかなる、と思えることがあるかもしれません。

・**行動を変えてみましょう**：こころが疲れて、家でゆっくり過ごしたい、と思うときは誰にでもあります。ですが、予定を入れず家にいたとして、結果はどうなるでしょうか？　もちろん、ゆっくり休んで疲れが取れる場合もあるでしょうが、何もせずにだらだら過ごしたことで罪悪感を抱き、つらく感じてしまうこともあるかもしれません。そういったときは、家にいたいと思っても、あえて外に出てみる、ということを試してみると良いかもしれません。このように、何もしたくないと思うときは、あえて何かちょっとしたことをやってみると良いでしょう。そうして行動を変えてみると、思っていたほど大変ではなかった、と感じるのは私たちも日々の生活の中で経験していることです。

- **感情とセットになる行動に意識を向けてみましょう**：感情にはそれとセットになる行動があります。例えば、怒り感情は攻撃とセットになります。恥ずかしさは逃避、不安は回避、悲しさは内側にひきこもる（退却）行動と、それぞれセットになります。このセットの通りに行動してしまうと、その感情がますます強くなってしまうので気をつけると良いでしょう。

いつもと正反対の行動をとってみるということは、**今感じている気持ちとは相反する行動を選ぶ**ということです。これは、実際に感じている気持ちを感じないことにしたり、何も感じないふりをしたりすることではありません。誰かに対して腹が立つときは怒ってよいし、悲しければ周りを気にせず泣いてよいのです。いつもと正反対の行動をとるということは、「今感じている気持ちに従って行動をしても解決につながらない」と感じるときに、そういった気持ちから抜け出すために今までと違った行動をとる、ということです。

この方法は、特に次のような場合に有効である可能性があります。

- 反すうの役割が、物事や事態にうまく対処するため、行動を先延ばしにして失敗を避けるためである場合
- 反すうすることで状況をよりよく理解したい、全部を把握してから行動したいと考えている場合
- やる気やモチベーションを高めるために反すうをしている場合
- 反すうによって相手の意図を読み取ろうとしている場合

●ぐるぐる思考がやめられないという人へ――考えこむクセを味方につけよう

ここまでを読んで、考えるのをやめること、または考えないようにすることに対する不安や怖さを感じる方もいるかもしれません。「考えるのをやめてしまったら、物事がちゃんとできなくなってしまう」「考えてから取り組まないと失敗する」……というように考える人がいるかもしれません。

これらはとても真っ当な心配です。考えるのをやめたり放棄したりしてしまっては、取り組むべき問題を十分に理解したり、対策を考えたりすることはできません。

人間は「考える葦（あし）」と言われます。私たちは本質的に「考える」存在なのです。したがって、**私たちが目指したいのは、考えるのをやめるとか、考えないようにすることではないはずです。**

反すう思考の特徴は、**自分でもコントロールできないほど長い時間、**ネガティブに考えこむ状態が続くことです。この「自分でもコントロールできないほど」というのがポイントです。つらいことやネガティブなことを考えないといけないときは、自分でコントロールできるよう、ふさわしい準備やセッティングができるとよいでしょう。そうすることで、**考えこむクセを味方につけて、前向きに物事について考えたり取り組んだりできるようになるはずです。**

では、どうすればそのようにできるでしょうか。二つのステップに分けて紹介します。それぞれ練習してみましょう。

EXERCISE

ステップ1　反すうの時間を計ってみよう

反すうしていることに気がついたら、何分間続くか、時間を計ってみましょう。反すうが始まったことに気づいたら、スマートフォンのストップウォッチをONにしてください。考え始めた瞬間にONにすることは不可能ですので、気がついたときでOKです。

そして、「反すうが終わった」と気づいたときにOFFにして、時間を計ってみてください。終わったことに後で気がついた場合は、気がつくまでにおおよそ要した時間を引いてください。一回の反すうは長い時も短い時もあるので、何回か計ってみることができると良いでしょう。

一般的に、**考え事をして正解にたどり着く時間は三〇分**と言われています。それ以上時間をかけてどれだけ考えても、答えや解決策は得られにくく、余計にネガティブな考えとつらい気持ちのループにはまり込んでしまうのです。もちろん、哲学的な思索や、宇宙や自然科学の神秘について考えるときなどは、もっと時間がかかるかもしれません。ですが、「相手の人の真意は何だろうか？」「どうして自分はこんな気持ちになるのだろうか？」といった考えは、どれだけ続けたとしても明確な答えは得られません。

あなたの反すうの時間は、目安となる三〇分と比べて長いでしょうか、それとも短いでしょうか？　実際に時間を計ってみると、自分が予想していた時間とは違っていることが多く、新しい発見がしばしばあります。

ステップ2　考える時間を計画的に取ろう

時には、自分のネガティブな側面やつらかった出来事について考えないといけないとき、どうしても考えてしまうときがあると思います。そういったときは、**「今は考える時間」と決め、時間を決めてその時間内に存分に考えるようにしてみましょう。**タイマーを一時間（慣れてきたら三〇分）に設定し、時間が来たら音が鳴るようにします。時間が来るまでは、存分に考えてください。他のことを考える必要はありません。リラックスして、そのことだけをゆっくり、じっくりと考えてみてください。自分の嫌な面ばかり目について苦しくなったり、つらい気分になったりするかもしれませんが、今はそれで構いません。

タイマーが鳴ったら、考えるのはそこまでにしてください。考えがまだ途中のように思えても、考えるのをやめて、違うことをしたり、別のことに意識を向けるようにしてみてください。

この2ステップの練習を繰り返すことで、自分がどの程度の時間考えこんでいるか、感覚的に理解しやすくなります。それだけでなく、ネガティブな考えが私たち自身でもコントロールできないほどに展開していくのを防ぎ、考えこむクセを味方につけることができます。

◉ヒントは私たちの中にある——うまくいった経験を探そう

ストレスに対してうまく対処するためのもう一つのポイントは、うまくいった経験から学ぶことです。私たちはみな、日々の生活の中で感じるストレスに対して、その時々でさまざまに工夫をして対処しながら生活しています。そういった対処の結果、感じるストレスが減ったり、問題をうまく解決できたりするときもあれば、思うようにいかないときもあります。そして、ぐるぐる思考が多くなり、うつっぽくなったときほど、うまくいかないときのことばかりが頭に浮かんでくるものです。

ここでは、今までにうまく対処できた経験を探してみましょう。そこから何かを学ぶことができたら、しめたものです。

ここで紹介するのは、Cさんの例です。Cさんは、はじめは「自分の人生はうまくいかなかったことしかない」と思っていましたが、そこで少し立ち止まって、「果たして本当に全部うまくいかなかっただろうか」と考えてみました。しばらく考えてみると、好きなピアノの練習をしていて、うまくいく時といかない時とがあったことに気がつきました。

うまくいったことなんてない、と思っていましたが、考えてみると、ほんのちょっとしたことですがありました。

ピアノの練習をしていたときのことです。考えてみると、とてもスムーズに練習できるときと、練習がスムーズにできなかったときの両方があることに気づきました。二つの状況を比べてみると、それぞれの場面で、違ったことに集中していたことが分かりました。練習がスムーズにできなかったときは（そういう時はすぐに練習をやめてしまうから余計に気分が悪いのですが）、常に自分の演奏を評価する目線でいました。「うまく弾けない！」ということばかりを気にして、「どうしてうまく弾けないのだろう」「こんなんじゃ全然だめだ」といったことばかり考えていました。反対に、うまく弾けて気分が良かったときは、ただただ自分が弾いていることに没頭していて、結果がどうとか、うまいかどうかとかはまったく気にしていませんでした。ただただ聞こえてくる音色に対して、自然に意識を向けていた状態です。今後ピアノを弾くときは、結果を気にせず、ただただ音色に意識を向けてみることを心がけようと思います。

Cさんの例を参考にしながら、あなた自身の経験を振り返ってみましょう。**同じ行動・活動をしていて、①うまくいったときと、②うまくいかなかったとき**とを思い出し、比較してみましょう。比較する際は、①うまくいったときと、②うまくいかなかったときのそれぞれについて、次の表の質問に答えるようにしてみてください。

CHECK!

○うまくいったときとうまくいかなかったとき、それぞれの状況について、

状況	あなたの体験（①うまくいったときと②うまくいかなかったとき）	
何をしていましたか？　何が起きていましたか？（出来事、目標、実際の行動、感情、身体の感覚、結果など）	①	②
どこにいましたか？	①	②
いつのことですか？（日にち、時間帯、その前の出来事など）	①	②

その場に誰がいて、何をしていましたか？	あなたはどのように対処し、その後どうなりましたか？その後の経過をできるだけ詳しく思い出してください。	最終的にどうなりましたか？状況やあなたの気分はどう変わりましたか？
①	①	①
②	②	②

◉経験から学ぶためのポイント

ここでは、うまくいった経験とうまくいかなかった経験とを比較する際のポイントを紹介します。あなた自身のうまくいった経験とうまくいかなかった経験とを比較してみることで、気がつくことや、うまくいく可能性を高めるために参考にできそうなことを探してみましょう。

HINT!

1.「違い」に意識を向ける（似た場面であっても、具体的な状況や経過がどのように違うかに意識を向ける）

同じ活動をしていても、うまくいくときとそうでないときとがあります。**同じような状況であっても、違った結果になることがある**と気づくことは、変化を生み出すきっかけになります。

そのことに気づいたら、次は、同じ活動をしていたのにうまくいくときとそうでないとき、**二つの状況で何が違うのか**を考えてみましょう。

2. その状況に特有の要因を探す

私たちの行動や考えは、たとえ同じように思えたとしても、一つ一つすべてが**異なる状況で起きています**。同じ行動をしている二つの状況は、たとえほとんど同じように見えたとしても、日にちや時間、あなたのコンディション(体調、こころの状態)、その時の人間関係など、さまざまな点で異なっています。あなたが何をするのか、どのようにするのか、いつするのか、どこでするのか、他に誰がいるか、体と心の状態はどうかといったことは、一つ一つの状況で少しずつ微妙に違っているのです。

対処方法がうまくいく可能性を高めるには、こういった状況ごとに**異なる要因を一つ一つ丁寧に見ていくこと**が役に立ちます。先ほどのうまくいったときとうまくいかなかったときの表にあるように、**「いつ、どこで、何を、誰と、どのようにしたのか」という質問に答える**ことで、状況を丁寧に見ていくことができます。

3. 自分自身の行動・ふるまいの結果を意識する

その行動をすると何が起きるでしょうか? あるいは何が起きないでしょうか?

その行動にはどんな目的があるでしょうか？　その行動はあなたにどんな影響を与えますか？　その行動をすると、後にもその行動をしやすくなる、という面はありませんか？　行動の結果や影響を考えることは、その行動が本当に役に立つのか、それに替わる行動がないかを考えるのに役立ちます。

◉自分自身のストレスに対処する——もしもプランをつくってみよう

ここまでの内容を読んで、あなた自身にとってのぐるぐる思考の危険サインと、そこでできそうな対処行動が思い浮かんだという方は、向こう数週間～数カ月の間にストレスを感じそうな状況に対してよりよく対処するための**もしもプラン**を作ってみましょう。

もしもプランを作る際は、ちゃんとできているかや、うまくいくかどうかは後から考えましょう。**「ひとまず試してみる」「試しにやってみる」**という姿勢が重要です。

HINT!

もしも　○○（ストレスの危険サインとなる、時間、環境、出来事、行動、気持ち、

体の感覚など）に気づいたら
そのときは　△△（問題解決につながりそうな対処方法をいつ、どこで、誰と、どのように）をしてみる

このような形で、反すう・心配をし始めたとき、あるいはストレスを感じ始めたときに、反すうや心配とは異なる方法で対処ができるよう、作戦を立てておくことができると良いでしょう。

「まだもしもプランが作れない！」という方も、慌てる必要はありません。日々の生活の中で、自分自身がどういうときに反すう・心配をするのか、どんなことを反すう・心配するのか、結果はどうなのか、といったことのセルフチェックを続けましょう。自分自身で行うセルフチェック（これをセルフモニタリングと言います）を通して、自分自身の反すうに対する理解がきっと深まるはずです。

◉千里の道も一歩から

「もしもプランなんて作ったって、事態は解決しない」「ちょっと気分はよくなったとしても、またどうせうつになる」――そんなふうに考えてはいないでしょうか？　実は、ぐるぐる思考が多いときやうつ的になっているときほど、そんなふうに考えやすいものです。

ここまで紹介してきた方法は、「それができれば苦労しない」とか、「そんなの当たり前」「大事なのは分かっている」と感じることばかりかもしれません。ですが、そのように考えることで、行動を起こすことを私たちは避けていないでしょうか？　「大事なのは分かりきっている」と思えるやり方や方法の、いったいどの程度を私たちは実際に実行できているでしょうか？　実はこういった、「そんなこと分かりきっている」とか「やったって変わらない」といった考えこそ、私たちを行動や問題解決から遠ざける、ぐるぐる思考の一パターンであることがよくあります。

ぐるぐる思考のパターンを打ち破るには、「うまくいくかわからないけれど、やってみよう」「どうなるか分からないけれど、まずはやってみて、結果を見てみよう」といった、まるで実験をするかのような姿勢がとても大切です。「結果がどうなるか分からないけれど、まずはやってみよう」「やってみて、結果を踏まえてまた考えよう」。そういった考えと、そこから生まれる小さな行動こそ、考えと行動のバランスを取り戻すきっかけになります。うつっぽくなっている時、ぐるぐる思考が多くなっているときは、たとえ小さくてもそこに「風穴を開ける」ことが大切です。不完全な形に思えても、もしもプランをつくり、その通りにまず実行してみることで、ぐるぐる思考を繰り返す反すうモードに小さな風穴を開けることにつながるはずです。

小さな風穴を開けることができたら、そこから少しずつ、穴を大きくしていくことができます。これは、小さなことでも繰り返し行うことによってなされていきます。ここでのポイントは反復練習です。「ちょっとしか変わらないし……」「どうせまたうつになるし……」といった考えはいったん脇において、もしもプランを繰り返してみましょう。「千里の道も一歩から」です。

●振り返り――第4章のポイント

第4章はここまでです。第4章では、以下のことを学びました。

・「変えるには気づくことから」。習慣となった反すう思考を変えるためには、まずは反すう思考をしているときに気がつく・意識を向けることが重要です。
・反すうの危険サインを探しましょう。反すうしやすい場面・状況、時間・場所、反すうが始まるときの体・行動・考え・気持ちの変化など、さまざまなものが危険サインになり得ます。
・反すうや危険サインに気がついたときに、反すうとは違う方法で対処できるよう、「もしもプラン」をつくって実行してみましょう。実行する際は、「ひとまず試してみる」、「やってみて結果をみてみる」というように、まるで実験してみるかのようなスタンスを心がけてみましょう。
・ストレスに対処するための一般的な方法を四つ紹介しました。これらの方法を、もしもプランに組み入れることもできます。

・反すうの時間を計ってみる、どうしても考えてしまうときは時間を決めて考える、という方法も有効かもしれません。

・これまでにうまくいった経験を探し、似た場面でうまくいかなかった経験と比較することで、うまくいくように状況を整えられる可能性が高まるかもしれません。

次の第5章からは、反すうモードから抜け出すのを助けてくれる具体的な方法をご紹介します。

第5章

反すうから抜け出すコツ1：具体モード

——具体的に考えてみよう

同じことを繰り返しぐるぐると考えこんでしまったり、必要以上に心配しすぎてしまったり……。こういったときの考え方には、実はある特徴があります。それは、**ある特定の状況から離れて、ばくっと全般的に物事を考える傾向**です。一つの失敗をもとに「**何をやってもダメだ**」と考えたり、ある人から厳しいことを言われた後に「**誰も私のことなんて好きじゃない**」と考えたりする傾向です。こういった考え方を、反すうにつながる「**抽象モード**」の考え方と呼びます（図5-1）。抽象モードの考え方が、さらなる反すう思考やうつにつながることが知られています。

ストレスを感じたときほど、「抽象モード」とは反対の、文脈に即して具体的に考えるモードが役に立つことが多くの研究から示されています。[1、2、3] 第5章では、具体的に考える「具体モード」がどういうものなのか、そして「具体モード」に入るための方法は何かを紹介します。

図 5-1 「抽象モード」の例

◉ストレスを感じたときにとりやすい「抽象モード」の考え方

こんな状況をイメージしてみてください。

あなたは今、大勢の人がいる賑やかな場所にいます（社員食堂や大学の食堂、パーティーや飲み会の会場など。イメージしやすいところを想像してみてください）。不意に、誰かの会話の中であなたの名前が呼ばれたように感じました。「○○さん（あなたの名前）が……」と誰かが自分の話をしているようです。ですが、人がたくさんいすぎて、誰がどこでどんな話をしているのか分かりません。

こんなとき、あなたはどんなことを考え、どのように感じるでしょうか？

「知らないところで噂をされている」「なにか良くない話をされているんじゃないか」と気がかりに感じたり、「私が何か言ったせいかしら」「嫌われるようなことをしたかな」といったように、ネガティブな考えが頭を支配するかもしれません。そういったことを考えているうちに、以前に誰かから言われて傷ついた言葉を思い出したり、自分のことを嫌っているであろう人のことを、考えたくもないのに思い出したりするかもしれません。そして、自分自身の嫌なところばかりを、頭の中で洗いざらい挙げてみたりするかもしれません。

このように、ストレスを感じるときほど、私たちの考えはその場の状況から離れ、「全部私が悪いんだ」、「私のことを好きな人なんていない」、「なぜこんな目にあうのだろう」といった、抽象的で全般的な考えへと展開していきやすくなります。

●「具体モード」の考え方

ひとたびネガティブに考えはじめると、そこから生じるネガティブな感情に支配され、抜け出すことが難しくなってしまいます。ネガティブな感情はまた別のネガティブな考えへとつながって、ネガティブな考えと感情のループにとらわれてしまいます。

この流れを変えることができるモードが、物事を具体的に考える「**具体モード**」です。

「具体モード」とは、次のように考えるモードのことです。

HINT!

具体モードの特徴（図5－2）

- **今この瞬間、この状況を特徴づけている一つ一つの情報にしっかりと意識を向けます。**今回と似た状況はこれまでにもあったかもしれません。しかし、たとえ似ていても、一つ一つの状況はそれぞれ違っています。今回の状況に特有の情報や要因は何か、を考えてみましょう。
- **今この状況で何が起きているか、どういう経緯でそのようになったのかを、一つ一つ順を追って具体的に考えます。**これまでのいきさつや、原因となった出来事から目をそらさず、意識を向けてみましょう。

◉抽象モードと具体モードを比べるエクササイズ

次はちょっとしたエクササイズを通して、抽象モードと具体モードの違いを比べてみま

こういう事態に
なるまでの経緯は
どうだったかな？
前日の夜
寝不足だったから
頭が働かずに
テストの１問目が
思うように
解けなかったな…

図 5-2 「具体モード」の例

しょう。

次のような場面をイメージしてみてください。

EXERCISE

あなたは大事な資格試験でミスをしてしまいました。不合格になるのではないかと心配が頭をよぎります。ミスをしたことを思い悩み、「なぜミスなんてしてしまったのだろう」「大事な試験だったのに」「自分はどうして、やることなすことすべてがうまくいかないのだろう」と考えました。

このように考えたとき、どんな気持ちになりますか？　また、このように考えた直後、どんな行動をとるでしょうか？　あなた自身がその状況にいるかのように想像しながら、どのように対処するかを考えてみてください。

＊

では、もう一度同じ場面についてイメージしてみてください。今回は、場面は同じですが、ちょっと違う形でイメージしてみてもらいます。

あなたは大事な資格試験でミスをしてしまいました。不合格になるのではないかと心配が頭をよぎりますが、次のように考えました。「二つ目の大問でミスをしてしまったけれど、それはその前の問題に手こずって時間がかかり、焦っていたからかもしれない。三つ目の大問は、分からない問題もあったけれど人並みにはできていたと思う」。

このように考えた時、どんな気持ちになりますか？　また、このように考えた直後、どんな行動をとるでしょうか？　まるで今あなた自身がその状況にいるかのように、想像力を膨らませてイメージをしながら、どのように対処するかを考えてみてください。

◉具体モードと抽象モードの比較

二通りの考え方を比べてみて、いかがでしたか？

エクササイズで紹介した前者が**抽象モード**、後者が**具体モード**の考え方です。

前者の考え方、つまり**抽象モード**では、考えることで助けやヒントが得られず、次に何をするべきかが分からずに、気持ちがどんどん落ちこんでいったのではないでしょうか。

これが、抽象モードで考えたときに起きる、典型的なパターンです。

抽象モードで考えているときは、以下に挙げるような自分自身や物事の偏った一側面に注目し、抽象的・全般的に考えてしまいます。行動や出来事の原因や理由、意味について考え、結果について推測ばかりしてしまう（そして明確な答えは得られない）ものです。


「なぜこんなことが起きるのだろう？」

「これは何を意味するのだろう？」

「自分の何がいけないのだろう？」

「なぜ自分はいつもこうなんだろう？」

「なぜ他の人がうまくやれていることを自分はできないのだろう？」

「なぜ以前のようにうまくできないのだろう？」


それに対し、後者の考え方、つまり**具体モード**では、**今回の状況**という具体的な特定の状況や場面について、どこが他と違っていたのか、何が今回の状況に特有で、そのためにどのように普段と違う結果になったのか、といった状況の細かな一つ一つの点について具体的に考えます。具体モードでは、次のような考え方をします。


「この出来事は、どのようにして起きたのだろう？」

「今この瞬間、何が起きているだろう？　何が見え、何が聞こえるだろう？」

「この出来事に至るまでの一連の過程は、どういったものだっただろう？」

「このこと（今の状況）から、何を学ぶことができるだろう？」

「どうすれば、前向きな結論（計画や次の行動）につなげることができるだろう？」

「自分にとって一番良い結果につながる可能性が高くて、自分に最初にできることは何だろう？」

具体モードは、「いつ、どこで、誰が、何を、どのように」に表される出来事や行動の詳細を、順を追って丁寧に考えるのが特徴です。こうすることで、どういう経緯でそのような事態が起きたのかを理解することができます。経緯が理解できると、次にどういうステップをとればよいかを考えることにつながります。

ストレスを感じる出来事や困難な問題が、どのようにして起きたのか。その経緯を理解できると、そのぶん問題に対処できる可能性が高くなります。具体的に考えることで、対処方法のレパートリーが増えるのはこのためです。

＊

ここでもう一つ、イメージを用いたエクササイズをやってみましょう。

EXERCISE

今回は次のような状況をイメージしてみてください。

【抽象モード】

あなたは、以前から気になっていた人に思い切って声をかけ、初めて二人でデートをする約束をしました。約束の日が来て、待ち合わせ場所のカフェでその人を待っているところをイメージしてみてください。

その人とは十七時に会う約束をしています。十七時になりましたが、その人は来ません。あなたは一人で待っています。時間を過ぎても相手は現れません。

――あなたは十七時半まで待ってみることにしました。カフェで一人、コーヒーを飲みながら、いつ来るか分からないその人を一人で待っているところを、**まるで今その場にいるかのように**想像してみてください。想像するときは、まるで今あなたがそのカフェにいるかのように、店内の光景をありありと鮮明にイメージしてみてください。座っている椅子の背もたれの感覚や、手に持っているコーヒーカップの感覚を感じるかのように想像してください……。五感で感じながら、ありありとイメージしてみてください。壁にかかっている時計の針の音や、お客さんの話し声、店を出入りする音が聞こえます。

時計は十七時半を指しました。入り口のほうに目をやると、ちょうど入ってくる人がいます。――しかし、入ってきたのはあなたの知らない人でした。待っている相手はまだ来ません。

あなたがたった一人で待っていて、待ち合わせの時間を過ぎたのに相手が現れない場面を、まるで今あなたがその場にいるかのように、できるかぎり鮮明にイメージしてみてください。その状況で、次のように自分自身に言葉をかけたとしたら、どんなふうに感じるでしょうか？　次の言葉を一つずつ、ゆっくりと、それぞれを二、三回ずつ繰り返しながら自分自身に向けてかけてみてください。

なぜこんなことになったのだろう？
どんな意味があるのだろう？
このあとどうなるのだろう？
前にもこんなふうに相手にされず一人で落ちこんだことがあったっけ。

なぜ自分にはこんなことばかり起きるのだろう？
なぜ自分にばかり……？

このように考えたとき、次の表にあるような気持ちや感覚をどれくらい強く感じるでしょうか。それぞれの気持ち・感覚の強さを、0（最も弱い、その気持ちを感じない状態）から100（その気持ちを最も強く感じる）までの数値で表して、表に書き入れてみてください（5点刻みくらいでOKです）。

CHECK!

○抽象モードによって感じる気持ち・感覚の強さ

気持ち・感覚	強さ（0：最も弱い、100：最も強い）
悲しさ	

気持ち・感覚	強さ（0：最も弱い、100：最も強い）
緊張	
穏やかな気持ち	
活発な気持ち	
頭が冴えた感じ	
自分に対する自信	

このように抽象モードで考えると、多くの人が次のように感じたり考えたりしやすいこと、次のような行動をとりやすいことが知られています。

HINT!

●「私はこういうことに値しない人間だ」と考える

- 「きっと私に非があるのだろう」と考える
- 「私に魅力がなく、一緒にいても退屈だと思ったから相手は来なかったのだろう」と考える
- 考えているうちに、別の似た出来事についても考えるようになる
- 以前に、周りの人が自分に対して興味を持っていないと感じたときのことを考える
- 考えているうちにどんどんつらくなり、「人と約束をしても毎回こうなるのではないか」と考える
- 自分が信じられなくなる
- 見捨てられたような気持ちや孤独感を感じる
- 気分が落ちこみ、悲しく感じる
- 自分に対する自信がどんどんなくなっていく
- 次の行動の計画を立てることが難しくなる
- 意識が自分の内側へと狭窄（狭い範囲に集中）する
- この出来事が自分にとって何を意味するのかを繰り返し考える

- 何をする気力も起きなくなる
- 感覚が麻痺したように感じる

それでは、次は同じ場面について、具体モードで考える練習をしてみましょう。

EXERCISE

次のような状況をイメージしてみてください。

【具体モード】

もう一度、同じように約束の相手をカフェで待っているところを想像してみてください。以前から気になっていた人に思い切って声をかけ、二人で会う約束をしました。あなたは待ち合わせ場所のカフェで待っています。相手の人に会えるのをとても楽しみにしていましたが、約束の十七時を過ぎてもその人は現れません。――あなたは十七時半まで待ってみることにしました。カフェで一人、コーヒーを飲みながら、いつ来るか分からないその人を一人で待っているところを、**まるで今その場にいるかのようにありありと鮮明に**想像してみてください。まるで今あなたがそのカフェにいるかのように、店内の光景をイメージしてみてください。座っている椅子の背もたれの感覚や、手に持っているコーヒーカップの感覚を感じるかのように想像してください……。五感で感じながら、ありありとイメージしてみてください。壁にかかっている時計の針の音や、お客さんの話し声、店を出入りする音が聞こえます。

時計は十七時半を指しました。入り口のほうに目をやると、ちょうど入ってくる人がいます。――しかし、入ってきたのはあなたの知らない人でした。待っている相手はまだ来ません。

あなたがたった一人で待っていて、待ち合わせの時間を過ぎたのに相手が現れない場面を、まるで今あなたがそこにいるかのように、できるかぎり鮮明にイメージしてみてください。その状況で、次のように自分自身に言葉をかけたとしたら、どんなふうに感じるでしょうか。次の言葉を一つずつ、ゆっくりと、それぞれを二、三回ずつ繰り返しながら自分自身に向けてかけてみてください。

今、自分の身に何が起きているだろう？
何が見え、何が聞こえるだろう？
今回、どういう経緯であの人と会うことになったんだっけ？
今日会う約束をするまでに、どんな経緯があっただろう？
今までに人と約束をして会ったときと今回では、何が違うだろう？
今日相手の人が約束の時間に来ないのは、どういうことによるのだろう？
相手の人に何か起きたのだろうか？
どうやってこの状況と向き合えば良いだろう？
私にできることはなんだろう？
最初にできることはなんだろう？

このように考えたとき、次の表にあるような気持ちや感覚をどれくらい強く感じるでしょうか。それぞれの気持ち・感覚の強さを、先ほどと同じように表に書き入れてみてください。

CHECK!

○具体モードによって感じる気持ち・感覚の強さ

気持ち・感覚	強さ（0：最も弱い、100：最も強い）
悲しさ	
緊張	
穏やかな気持ち	
活発な気持ち	

気持ち・感覚	強さ（0：最も弱い、100：最も強い）
頭が冴えた感じ	
自分に対する自信	

＊

具体モードで考えてみると、どうだったでしょうか。実は、具体モードで考えることで、多くの人が次のように感じたり考えたりしやすいこと、次のような行動をとりやすいことが知られています。

HINT!

- 抽象モードのときよりも、前向きな気持ちでいられる
- 「どのようにしてこういうことが起きたのか」という経緯や、「どうすれば前に進めるか」ということを考える
- ひどくネガティブに考えたり、つらくなりすぎることがない

- 「相手のほうに何か事情があったのかもしれない」、「相手が約束の時間や場所を間違えたのかもしれない」といったように、自分だけに焦点化せず、他の可能性を考えることができる
- 広い視野から見て、「今の自分にできることがあるかもしれない」と考える
- 少しガッカリして、イライラはするが、自分自身を責めることはあまりない
- 意識が外に向かい、「自分にも何とかできる部分があるかもしれない」と考える
- 問題は何なのか、どうすれば解決できるのかを考える
- 何から手をつければよいかを考える（勇気を出して相手に電話をして何が起きたか聞いてみる、約束を再度確認してみるなど）

私たちの普段の思考は、抽象モードと具体モードを行ったり来たりしています。そして、エクササイズをすることで気がついた人もいるかもしれませんが、私たちはストレスを感じるときほど、**「なぜ？」「どうして？」**というように、**物事の原因や理由、自分自身にとって意味すること**を考える「抽象モード」を採用しがちになります。

ストレスに直面したときに、原因や理由を探し求めようとする抽象モードの「なぜ？」の考えを**Ｗｈｙ思考**と呼びます。抽象モードのＷｈｙ思考が長時間続くようになったり、考えのほとんどを占めるようになったりすると、気持ちが沈んで元気が出なくなり、ストレスが増えてしまいます。抽象モードのＷｈｙ思考は、物事を解決へとなかなか導いてくれないのです。

それに対し、「**いつ、どこで、何が、どのように起きたのか、誰がいたのか**」といった出来事の経緯やプロセスの詳細に注目し、「どのようにすればよいだろう？」と具体的に解決策や対処方法を考える考え方を、具体モードの**Ｈｏｗ思考**と呼びます。「どのようにして……」とか、「どうすれば……」という形の考え方です。具体モードのＨｏｗ思考で考えることで、状況を一歩引いて俯瞰で考えることができます。冷静に今このときの事態を見つめることで、次の行動にもつながりやすくなります。

抽象モードは、計画や行動を増やすのではなく、むしろ**考え事を余計に増やしてしまう**ことがよくあります。具体モードを採用することで、物事を広い視野から眺めることができ、**新しい行動を起こす**可能性を高めることができます。具体モードのＨｏｗ思考によっ

図 5-3　抽象モードのＷｈｙ思考をしていることに気がついたら
具体モードのＨｏｗ思考をとるようにしてみる

て、難しい状況から何かを学んだり、「どうすれば先に進むことができるだろう？」と前向きに考えやすくなったりするのです。

ストレスを感じ、「なぜ？」と考える抽象モードのＷｈｙ思考になっていることに気がついたら、「どのように？」と考える具体モードのＨｏｗ思考に切り替えることを意識していけると良いでしょう（図5-3）。

●具体モードを取り入れるためのポイント

ここでは、具体モードの考え方を取り入れるためのポイントをご紹介します。

HINT!

1．今この瞬間に起きていること、自分自身が感じることに意識を向ける。そして、「今この状況を形作っている、これまでの状況とは違う要因」に焦点を当ててみる。

次のように考えてみましょう：「何が起きているだろう？　誰が、いつ、どこで、何を、誰に対して、どのようにしただろう？　何が見え、何が聞こえるだろう？　これまでの出来事とは、どこが違っているだろう？」。

2. 出来事が展開していくプロセスに意識を向ける。

「はじめに○○があって、それに対してAさんが『△△』と言って、それを聞いた私は□□だと思った」というように、次々と起こっていく出来事のひとつひとつのつながりや、一連の経過に対して意識を向けてみましょう。その出来事が起きる前に、どういうことがあったでしょうか？　その後に誰がどういうことをしましたか？　さらにその後、何が起きましたか？

そして、小さな「変化の兆し」は意外と身近にあるものです。どこかに解決のヒントやサインはないでしょうか。

「ここでもし違った判断や行動をしていたとしたら、違った結果になっていたかもしれない」というターニング・ポイントになるようなところを探してみましょう。

さらに、「この状況はどのようにして生じたのだろう？」「なにかサイン（兆候）はあっただろうか？」「結果を変えるには何をすればよいだろう？」と考えてみましょう。

3．この状況を「どうすれば」切り抜けられるかに意識を集中させる。

解決に結びつく行動を起こすために、何をするべきかを細かなステップバイステップで考え、計画を立ててみましょう。

そして、解決のためにできる一連の対処方法のうち、手始めにできそうな**行動の第一歩**をまずやってみましょう。状況が変化するにつれて新しい問題が生じたとしても、一つ一つ順を追って対処するようにしてみましょう。なんとか対処できた時には、自分のチャレンジを自分自身で褒めてあげましょう。

さらに、「どうすればこの事態を切り抜けられるだろう?」「どうすれば問題を小さなステップに分けられるだろう?」「最初にできることは何だろう、手始めにできることは何だろう?」と考えてみましょう。

◉ストレスを感じた時に、具体モードにチャレンジしてみよう

ここまで、ストレスを感じた時に、Ｈｏｗ思考で考える具体モードによって具体的な対

処方法がとられやすくなること、そしてそれによって反すうや心配のぐるぐる思考を断ち切ることができることを説明しました。

具体モードは、普段から（ストレスをあまり感じないときに）練習しておくことが大切です。練習を繰り返すことで、そのモードがとりやすくなるからです。

それに加えて、ストレスを感じたときにも具体モードにチャレンジすることで、ストレスに対して**具体モードで対処することを少しずつ習慣にしていく**ことができます。日常生活の中でストレスを感じたとき、反すうが生じたときに、具体モードで対処できるように、もしもプランを使って練習してみましょう。

●もしもプランに具体モードを取り入れてみよう

日々の生活の中でストレスを感じたとき、反すうが起きてきたときに、具体モードで対処できるようにもしもプランを作り、練習してみましょう。あなた自身が日常生活の中で実践できる形で、具体モードを採用する計画を立ててみましょう。

具体モードを取り入れたもしもプランとしては、次のようなものが考えられます。

例1：

もしも　「なぜ……？（Why？）」と自問するのを繰り返すことがストレスを感じる危険サインになっていたら

その時は　次に何ができるかを考えられるよう、前向きな「どうすれば？（How？）」という問いかけを自分自身に対して行う。

例2：

もしも　「肩に力が入る」というストレスの危険サインに気づいたら

その時は　今この瞬間に集中し、この状況の具体的な細部やそこに至った経緯について考える。そのうえで、どうすれば次に向けた一歩を踏み出すことができるかを考える。

例を参考に、ストレスを感じたときに具体モードで対処する、あなたなりのもしもプランを作ってみましょう。

◉もしもプラン作成のヒント

もしもプラン作成のヒントを七段階で示します。これらを参考にするとだいぶ作成しやすくなると思います。早速練習してみましょう。

EXERCISE

1．あなたが一番気がつきやすい「ストレスの危険サイン」は何でしょうか？

ストレスを感じ始めたときに現れる兆候（サイン）は人によって違います。「肩や背中に力が入るのがストレスを感じている危険サインになる」という人もいれば、イライラすること、心配してドキドキすること、注意が一つの対象に集中して他のことを考えられなくなることなどが危険サインになる人もいます。

2．次に、一番最近その危険サインに気づいた時のことを考えてみてください。

友人・恋人とケンカしたときかもしれませんし、プロジェクトやタスク、試験、課題に関することかもしれません。一人で家にいて寂しく感じたときや、孤独を感じたとき、心配したときや怒っていたときかもしれません。

※思い出すのがつらい状況を無理して思い出す必要はありません。そういったときは、感情への負荷がやや軽い、「ちょっとつらかった」「ちょっと大変だった」状況を探してみましょう。

3．思い浮かんだら、その状況をありありとイメージしてみてください。

まるで今、あなたがその場にいるかのように、鮮明に想像してみてください。その時その場にあなたがいて、自分の目でその時の光景を見ているかのように、具体的にイメージしてみてください。

4．今そこで何が起きていますか？　あなたはどこで何をしているでしょうか？

まるで今その場にいるかのようにイメージしたときに、感じる感覚に意識を向けてみましょう。あなたはどんな姿勢でいますか？　リラックスしていますか、それとも緊張していますか？　寒いと感じるでしょうか、それとも暑いでしょうか？　どんな感覚を感じますか？

5．状況をありありとイメージできたら、次のように自分に問いかけてみましょう。

「ストレスを感じる今の状況で、自分自身の意識や感覚に注意を向けたときに気がつくことは何だろう？」

「今の状況で、事実として起きていることは何だろう？」

「今の状況に至るまでに、何がどんな順序で起きただろう？」

「最初に何があって、次に何があっただろう？」

「今の状況は、他のうまくいった状況と何が違うだろう？」

「『前に進もう、問題に対処しよう』と考えたら、何か違いはあるだろうか？」

「別の対処方法をとるとしたら、どんな方法があるだろう？」

「どうすればこの状況から前へと進めるだろう?」

「目標に向かって前進するためにとれる最初の一歩はなんだろう?」

「今、まずできることは何だろう?」

6．5．のように自分自身に問いかけてみて、「前に進もう、解決のために何とかしよう」と思える言葉があれば、それをもしもプランに取り入れましょう。

例えば、次のように作ることができます。

もしも 今感じているようなストレスの危険サインに気がついたら
その時は 焦らず、深呼吸をして気持ちを少し落ち着かせ、物事への取り組みをスモールステップに細分化する。そして、『どうしたらこの状況から前に進むことができるだろう?』と、自分自身に問いかける

7．はじめは小さな変化でＯＫです。諦めず、繰り返しやってみましょう。

はじめはうまくできなかったとしても、何度も試しているうちにコツをつかむようになるものです。具体モードを取り入れたもしもプランを作ることができたら、日常生活の中で感じるストレスや困りごとに対して、繰り返し試してみてください。こういった方法は、繰り返し練習しているうちに、だんだん用いやすくなっていきます。

◉振り返り――第5章のポイント

第5章では、ストレスや反すうに効果的に立ち向かう具体モードについて説明しました。最後に、この章のポイントをおさらいしておきましょう。

POINT!

- 具体モードでは、今この時この状況を特徴づけている、「誰が、いつ、どこで、何を、誰に対して、どのようにしたのか」といった具体的な情報や、どういう経過でその事態になったのかというプロセスの詳細に意識を向けます。
- Ｗｈｙ思考（「なぜ……？」の思考）ではなく、Ｈｏｗ思考（「どうすれば……？」の

思考）で考えることで、前へと進むためのヒントが見つかりやすくなります。

・具体モードを取り入れたもしもプランを作ってみましょう。日常生活の中でストレスの危険サインに気づいたときに、もしもプランにチャレンジしてみてください。

この後の第6章・第7章でも、ストレスを感じたときに採用できる、また別のモードについて紹介します。すべての方法が全員にとって役に立つわけではありませんが、たくさんの方法をご紹介することで、一つでも役に立ちそうなものを見つけてもらえたらと思います。

第6章

反すうから抜け出すコツ2：没頭モード

――没頭した活動や記憶を探そう

不安に思うことや心配ごとがあったり、強いストレスを感じていたりするときに、以前は楽しめた活動をやってみても楽しめなかったことはありませんか？　その活動をやってはいても、心がついていかず、まるで何も感じないかのような「心ここにあらず」の体験をしたことはありませんか？

こういったことは、多くの人が経験したことがあるものです。反すうや心配のぐるぐる思考が頭の中を支配しているとき、私たちの意識は外の世界へではなく自分の内側へと向いています。ぐるぐる思考で頭の中が一杯になり、今やりたいことややらないといけないこと、自分の周りで起きていることに目を向けることができなくなってしまいます。

◉「心ここにあらず」の状態——行動はしていても、今この瞬間を存分に体験することができない状態

「心ここにあらず」の状態がどういうものか、もう少し詳しく見てみましょう。次のよ

うな状況をイメージしてみてください。

あなたは友人（恋人、家族でも結構です）と会って話をしましたが、ちょっとしたことで口論になり、言い合いになった後、お互い折れずに険悪な雰囲気のままその場は終わりました。口論の後、あなたはやらないといけないこと（仕事や勉強）や、やりたいと思うこと（別の友人との約束、買い物、スポーツ、趣味の活動など）にとりかかろうとしますが、先ほどの口論のことばかりが頭に浮かんできてしまいます。目の前の活動に積極的になろうとしても、先ほどの言い合いが思い出されて、集中して取り組むことができません。

このような体験をしたことはないでしょうか。

この例にあるように、前に起きた口論について考えている時は、いつもなら楽しめるようなことを楽しめなかったり、いつもだったら集中して取り組めることに集中できなかったりします。

もう一つ、例を見ておきましょう。次は、こんな状況をイメージしてみてください。

> あなたは、以前趣味で弾いていたけれどしばらくの間弾いていなかったギターを久しぶりに弾いてみました。すると、以前は難なく弾くことができた曲を、なかなかうまく弾くことができません。悪戦苦闘しているうちに、頭の中には、自分の演奏がいかに下手になっているかを実況中継する言葉が次々に浮かびます。「全然うまくない！」「なんで前はできたのにできないの？」「他の人はできているのに、なぜ？」「全然ダメじゃん」といった言葉があふれ、まったく楽しむことができません。

これらの例からも分かるように、**目の前の出来事を存分に体験**できないと、ストレスを感じやすくなります。では、目の前の出来事を存分に体験できないと、どうしてストレスに感じるのでしょうか。それは、以下の理由によります。

HINT!

●楽しいこと・やりがいのあることを行うことで得られるはずのメリットが得られな

くなるから。
- 身の回りで起きている出来事や変化に気づきにくくなるから（うまくいった体験・うまくいかなかった体験を通して学ぶことができなくなるから）。

この章では、反すう・心配のぐるぐる思考に代わる対処方法として、私たちが何かに**没頭していた体験**に注目します。没頭していた体験を探し、その体験について分析することや再体験することを通して、**目の前の出来事を存分に体験し、いまこの瞬間を存分に感じられる**ようになることを目指します。何かに没頭していた体験を足がかりにして、ぐるぐる思考を少なくする方法を一緒に考えましょう。

◉没頭していないのはどういうとき？

ここで、ちょっとしたエクササイズをやってみましょう。ある活動について、存分に体験した・夢中になったときと、存分に体験していなかったときとをイメージし、比べてみてもらいます。

EXERCISE

1．あなたが最近よくやっている活動、あるいはたまにやっている活動を思い浮かべてください。一つで大丈夫です。

2．このエクササイズでは、**⑴その活動に没頭していた・夢中になっていたときと、⑵同じ活動をしていても没頭しておらず、集中していなかったとき**という二つの状況を思い出してもらいます。没頭していたとき・没頭していなかったときの両方をイメージできる一つの活動を思い浮かべてください。

※ヒント：**没頭したことがある活動**が見つかれば、同じ活動をしていても没頭していなかったときは比較的イメージしやすいと思います。没頭したことがある活動をまず探してみてください。

多くの人が没頭したことがある活動として、以下のものがあります。何に没頭できるかは人によって違うため、正解・不正解はありません。没頭したり、我を忘れて取り組んだことのある活動なら、何でも構いません。

多くの人が没頭したことがある活動の例

- 買い物・ショッピングをする
- 温かいシャワーを浴びる
- 植物や生き物の世話をする
- 勉強・研究をする
- スポーツをする、運動する
- 皿洗いをする
- 創作活動・芸術活動をする
- ゆっくりとお風呂に入る
- 友人や家族と話す
- 仕事・アルバイトをする
- 読書をする
- 楽器を演奏（練習）する
- 料理をする、食事を作る
- 自然観察をする

3．その活動に⑴**没頭していたときと、**⑵**没頭していなかったときについて、**それぞれがいつ、どこで起きたか、日時・場所を含めて具体的に思い出してください。

4. ここからは、それぞれの状況について一つずつイメージしていきます。

はじめに、**「その活動に没頭・集中していなかったとき」**のことを思い出してください。

まるで今あなたがその状況にいて、まるで今体験しているかのように、その場の情景やそのときに感じた感覚を鮮明にイメージしてください。

あなたはその活動をしようとするけれど、全然集中できず、没頭することができません。続けることが苦痛であるかのようにさえ感じます。

頭の中では「全然できていない」「もっとうまくやれるはずなのに」「こんなはずじゃない」と脳内実況中継が流れ出します。そしてますます、あなたの気持ちはその活動から離れていきます。

まるで今あなたがその状況にいて、自分の目でその場の光景を見ているかのように、見える光景、聞こえる音、感じる感覚を今ここで再度体験してみてください。

そして、それらに意識を向け続けてください。その時に感じた感覚を、できるだけ強く、今この場で再度体験してみてください。

（二〜三分時間をとってイメージしてみましょう。目をつぶってもらっても OKです。）

（イメージができたら、次へ進んでください。）

その活動に没頭できない感じを今ここで再体験することができたら、次の質問に対する答えを考えてみてください。

- どんな考えが頭にありましたか？　どんな気持ちでしたか？
- 意識は何に対して向いていましたか？
- その状況でどんなふうに行動しましたか？

没頭していなかったときのことを再体験してみると、以下の気持ちをどれくらい強く感じますか？　0〜100の数値で答えてください（5点刻みくらいでOKです）。

緊張【　　　】（0：まったく緊張しない　100：とても緊張する）
気分が落ち着いている【　　　】（0：まったく落ち着かない　100：とても落ち着いている）
エネルギー・活力【　　　】（0：まったくエネルギー・活力がない　100：エネルギー・活力があふれている）
集中力【　　　】（0：まったく集中できない　100：とても集中している）

5．次は、同じ活動をしていて、あなたが**没頭していたとき・その活動にのめり込んで集中していたとき**のことを思い出してください。
まるで今あなたがその状況にいて、まるで今体験しているかのように、鮮明にイメージしてください。
あなたの全神経がその活動に集中し、我を忘れて没頭しています。

自分がどうとか今がいつかといったことを忘れて、ただただその瞬間瞬間に起きることに意識が自然に向いています。

まるで今あなたがその状況にいて、自分の目でその場の光景を見ているかのように、見える光景、聞こえる音、感じる感覚を今ここで再度体験してみてください。そして、それらに意識を向け続けてください。その時のことを再体験しながら、その時に感じた感覚を、できるだけ強く、今この場で再度体験してみてください。

（二〜三分時間をとってイメージしてみましょう。目をつぶってもらってもOKです。）

（イメージができたら、次へ進んでください。）

その活動に没頭していた感じを今ここで再体験することができたら、次の質問に対する答えを考えてみてください。

・どんな考えが頭にありましたか？　どんな気持ちでしたか？
・意識は何に対して向いていましたか？
・その状況でどんなふうに行動しましたか？

没頭していたときのことを再体験してみると、次のような気持ちをどれくらい強く感じますか？　0〜100の数値で【　　】の中に書き入れてください。

緊張【　　】（0：まったく緊張しない　100：とても緊張する）
気分が落ち着いている【　　】（0：まったく落ち着かない　100：とても落ち着いている）
エネルギー・活力【　　】（0：まったくエネルギー・活力がない　100：エネルギー・活力があふれている）
集中力【　　】（0：まったく集中できない　100：とても集中している）

◉没頭していたときと没頭していなかったときを比べてみよう

同じ活動に没頭していたときと没頭していなかったときとを比べてみると、どんな違いがあるでしょうか。同じ活動でも、没頭できるときと、没頭しにくいときとがあるのはなぜでしょうか。

Dさん、Eさんの例を見てみましょう。

HINT!

テニスの試合に没頭できていないとき（Dさん）

「何が良くないのだろう」といった考えがしばしば頭に浮かび、自分のパフォーマンスをチェックし続けていました（**「今のプレーは良くない」「思ったところにボールが飛ばなかった」**etc.）。一つ一つのプレーや一本一本のショットの結果にすべての意識がとらわれ、頭の中でプレーの良し悪しの判断を絶えず行い、評価するような考え方でした。結果が気になるので緊張してしまい、楽しむことができませんでした。良い結果を出そうとして変に力が入り、うまくプレーすることがいっそう難しくなりました。

テニスの試合に没頭できているとき(Dさん)

「何も考えず、ただただプレーしている」状態でした。意識はボールと自分の動きに集中し、どこにボールを飛ばすか、ということだけを考えていました。その時々、その瞬間瞬間に感じる感覚を直接体験し、考えたり評価したりせずに、ただただ体が自然に動いている感じでした。夢中になってプレーに集中し、緊張していたことを忘れて、楽しむことができました。

HINT!

ダンスに没頭できていないとき(Eさん)

久しぶりにダンス教室に行って練習をしたとき、常に鏡を見て、自分の踊りの出来を気にかけていました。同じサークルの他の人たちと自分を常に比較して、自分が他の人たちと比べていかにうまく動けていないか、ということばかり考えていました。

図 6-1　没頭モードの例
何かに集中していると周りのことが気にならなくなる。

意識は自分の内側へと向かい、自分の嫌なところ、ダメなところばかりが目につきます。自分のダンスがいかにダメで、いかにちゃんと動けていないか。そういったことばかり考えているうちにイライラしてきて、楽しいはずのレッスンなのに、**「早く終わらないかな」**とばかり考えていました。休憩時間も、他の人たちと一緒に過ごす気になれず、離れた場所で一人で過ごしました。ずっと緊張した状態で過ごし、レッスンが終わった後はどっと疲れました。

ダンスに没頭できているとき（Eさん）

鏡に見入って自分自身の動きを評価するようなことはまったくなく、ただただ自分たちの動きに集中していました。講師の先生の動きにも集中し、先生が踊っている間はただただ先生の動きだけに意識が向かっていました。意識が自分の内側へ向かうのではなく、外側へと向いている感じでした。時間が経つこともまったく気にならず、気がついたらレッスンが終わっていて、時間が経つのがとても早く感じました。すべてが自然に感じられ、楽しく、集中してレッスンを受けることができました。

●没頭した体験に注目するメリット

このように没頭した体験に注目することには、以下に挙げるメリットがあります。

○没頭モードにある時の思考の状態を採用できる

我を忘れて物事に取り組む「没頭モード」にあるとき、私たちには何が起きているでしょうか。

先ほどのDさん、Eさんの例からも分かるように、活動に没頭しているときは、とても**具体的な思考**が伴います。目の前の活動、私たち自身の動きの細部、感じる感覚、起きていることのプロセスや流れに対して、意識が自然に集中しています。

没頭して何かに取り組む、あるいは没頭して取り組んだ体験を再体験することには、このように**具体モードを活性化**してくれるメリットがあるのです。具体モードが問題の解決や困難の克服に役立ち、私たちの気分を軽くしてくれることは、第5章で紹介した通りです。

○没頭状態を再体験するその他のメリット

また、没頭できた状態を再体験して没頭モードに入ることは、**私たち自身が体験したポジティブな経験や記憶に直接触れる**ことになります。そのため、そういった体験自体が気分を軽くしてくれるメリットがあります。気分が軽くなることは、ぐるぐる思考や不安の渦から抜け出す強力な手段になります。

さらに、没頭することで活動に対するモチベーションが高まります。いろいろな出来事や状況を避ける回避を減らし、活動に対してより積極的に取り組む準備を行うことができます。

◉没頭モードを活かしてぐるぐる思考から抜け出す

没頭モードを再体験する先ほどのエクササイズを繰り返すことによって、没頭モードを意識的に作り出すことができるようになれば、物事に取り組むモチベーションを高めたり、活動や体験を存分に体験して楽しんだりすることが可能になります。何かの活動に取り組

没頭モードになることで、具体モードを活性化できる（具体モードの練習になる）

ポジティブな経験や記憶に触れる体験自体が反すうに対抗する作用を持つ

さまざまな活動に対するモチベーションを高めることができる

没頭できる活動を生活に取り入れることで反すうを軽くすることができる

図 6-2　没頭モードに注目するメリット

む前にエクササイズを行い、没頭モードを作り出すことができれば、困難な状況に対処するうえで有効です。

　また、エクササイズを通して、私たち自身が**楽しい、心地よいと感じる活動を探すこと**もできます。そういった活動を特定できれば、それらを日々の生活の中に取り入れていくことで、気晴らしやストレス対処の方略にすることができます。

　こういった活動は、**「楽しい」「心地よい」**という感情・感覚を刺激するため、**好奇心やモチベーション**を高める上で大切です。私たちは、つらく苦しいときほど、**楽しい活動を後回しにし、やらないといけない雑用や義務的な仕事ばかりしてしまいます。**やらないといけない活動は、エネルギーを消費させるものです。それに対し、楽しい・心地よい活動は、エネルギーを充電してくれるものです。今のあなたは、エネルギーを使いすぎてしまっていませんか？　エネルギーを充電してくれるような活動も、日々の生活の中に取り入れていくことができると良いかもしれません。

◉没頭モードをもしもプランに取り入れよう

没頭モードを再体験できるようになってきたら、ストレスの危険サインに気づいたときの新しい対処方法として取り入れることを考えてみましょう。危険サインに気がついたときに、**活動に没頭し、集中していた「没頭モード」の記憶を呼び起こして再体験する方法**です。これにより、物事に対して心の準備をすることができ、取り組みやすくなったり、役に立たないぐるぐる思考と距離をとり、前向きな活動に意識を向けることが可能になります。

HINT!

例：
もしも ストレスのサイン（緊張して肩に力が入る、熱く感じるなど）に気づいたら
そのときは ダンスのレッスンをしていた時に没頭できた記憶を呼び起こし、再体験する

この例を参考に、あなたなりのもしもプランを作ってみましょう。

●没頭できるポジティブな活動と、義務的な仕事・課題のバランス

「没頭できるポジティブな活動を、生活の中に取り入れる」というとてもシンプルな工夫によって、ストレスからの回復力を高め、心理的にしなやかに日々を送ることができるようになります。楽しさや心地よさを感じる活動が、ストレスやネガティブな気分から私たちを守る緩衝材の役割を果たしてくれるのです。

先ほども紹介しましたが、ストレスを感じるときやつらく感じるときほど、人は楽しく没頭できる活動をしなくなります。一方、ストレスを感じるときでも、やらないといけない仕事や課題、雑務は続けるため、生活の中で楽しい要素が減り、義務的なこと・雑用ばかりになってしまいます。エネルギーを充電してくれるような活動の時間が少なくなり、エネルギーを消費する活動の時間ばかりになってしまいます。

また、仕事が多くて忙しくストレスを感じるときや、エネルギーが落ちて元気が出ない

ときほど、私たちは「楽しいこと、気分が良くなることは、やってはいけない」と考えてしまうことがよくあります。**「やるべきことができていないから、それを差し置いて楽しむことなんてできない」「楽しいことをやる前に、やらないといけないことをやる必要がある」**といった思い込みのためです。

このように、「楽しく没頭できる活動」と「やらないといけない課題・仕事」のバランスが崩れ、やらないといけない仕事ばかりの状態が続くと、私たちはどうなるでしょうか？　エネルギーを消費してばかりで充電されない状態が続き、きっとどこかで枯渇してしまうでしょう。

◉没頭できるポジティブな活動を探そう

では、私たちが心地よく感じ、ポジティブな気持ちになれる活動には、どんなものがあるでしょうか？

何に対して没頭できるかは人によってさまざま、十人十色です。没頭できる活動に正解・不正解はありません。例えば、多くの人が挙げる活動として、次に挙げるものがあります。

HINT!

買い物・ショッピングをする
温かいシャワーを浴びる
植物や生き物の世話をする
楽器を演奏する
絵を描く
DIYをする・何かを作る
運動する
アルバイトをする
料理をする
自然観察をする
読書をする
ゆっくりお風呂に入る
友人・家族と話す
勉強・研究をする
歌を歌う
芸術・創作活動をする
スポーツをする
冒険的な活動をする
仕事をする
皿洗いをする
自然の中で過ごす

○没頭できる活動を見つけるヒント

没頭できる活動には、次のような特徴があります。没頭できる活動を探す手がかりにしてください。

HINT!

- **目の前のことに集中させてくれる**（例：ピアノだと鍵盤、ロッククライミングだと次に手足を置くところに集中できる）。
- **フィードバックが即座に得られる**（例：絵を描く時は、絵筆を動かすと動かしたところに色が付くことで、自分の動作に対するフィードバックがすぐに得られる。ピアノを演奏する時は、叩いた鍵盤の音が即座に聞こえることで、フィードバックが得られる）。
- 単に楽しいだけでなく、**学びがあり**、自分自身が成長した感じや達成感を感じることができる。
- **活動をすること自体にモチベーション**を感じられる（＝結果ではなく活動のプロセスに集中できる）。

● 簡単すぎず、難しすぎない。

◉没頭できるポジティブな活動を生活に取り入れてみよう

先ほどのヒントを参考にしながら、あなたが心地よく感じ、ポジティブな気持ちで没頭できる活動を探してみましょう。「これなら没頭できそう」「試してみたい」と思うものをいくつか探してみてください。その中から、**向こう一～二週間に取り組めそうな活動を一つ選び**、実際に取り組んでみる計画を立てることができれば、ストレスに対処する大きな足がかりになるでしょう。

計画を立てるときは、以下の質問に対して答えることで、できる限り具体的に、実行につながりやすい形で計画してみてください。

HINT!

● その活動を行うために、どんな準備が必要ですか？
● どんな手順でその活動をやってみますか？

- いつ、どこでやってみますか？
- 必要なものは何ですか？
- どうやって始めますか？
- 取り掛かるためのステップはありますか？

しばらくの間やっていなかった活動を再開する場合、はじめは「どうして前みたいに楽しめないのだろう」「以前より下手になった」などと考えて、落ちこんでしまうことがあります。

今、あなたの心のエネルギーが落ちているとすれば、同じ活動に対して以前ほど楽しめない、ということは十分にあり得ます。また、前にやっていたときからしばらく時間が空いたのであれば、前のときほど上手ではなくなっていたとしても自然なことでしょう。

大切なのは、**「前と同じ（100パーセントの）状態でないとしても、今はそれでよいと自分に言い聞かせて取り組んでみる」**ことです。エネルギーが落ちているのだから、時間が空いたのだから、以前と同じようにはできなくて当たり前です。そのことで落ちこむ必要はありません。たとえ今は不完全な状態であっても、前とは違っていても、その活動をしてみることで、少しでも心が軽くなる部分はないでしょうか？　あるいは、「また明日もやってみたいな」と思えたりしないでしょうか？　そういった部分があれば、ぜひ続けてみてください。「継続は力なり」。はじめは不完全でも、小さな変化を感じられることが何より大切です。

◉振り返り――第6章のポイント

最後に、第6章のポイントをおさらいしておきましょう。

POINT!

・ストレスにうまく対処する方法として、没頭モードについて学びました。
・ストレスの危険サインに気づいたときや、困難な課題や問題に向き合うときに、ポジティブに没頭できた記憶を思い出してみましょう。
・没頭できた体験を再体験することで、具体モード（第5章参照）を活性化させる練習

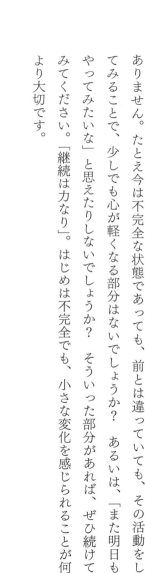

をしてみましょう。

・人は、つらく苦しい時、疲れている時ほど、エネルギーを充電してくれる楽しい活動をしなくなり、エネルギーを消費する仕事や雑務ばかりするようになります。前向きな気持ちで楽しく没頭できるポジティブな活動を、生活の中に取り入れてみましょう。

・作成したもしもプランに沿って、実際に試してみましょう。

第7章

反すうから抜け出すコツ3：コンパッションモード

――やさしい気持ちを自分にも向けてみよう

普段あまり意識することはないかもしれませんが、私たちは誰でも、**心のなかで自分自身に向けてかける「内なる言葉」**を持っています。うまくいっている時は、「いい感じ！」「私もやればできるじゃん！」といった、ポジティブな言葉を私たち自身に向けています。

しかし、気持ちが沈んでいたり、ストレスを感じていたりするときはどうでしょうか。こういったときほど、自分に向ける言葉はネガティブで批判的なものになりがちです。「私ってほんとうにバカ！」「どうして何をやっても失敗するの？」といった厳しい言葉を、自分自身に向けてしまうのです。

つらい時に自分自身に向けやすい「内なる言葉」には、以下のようなものがあります。


「私はほんとうにダメだ／バカだ」

「なぜ私はこんなことをしたのだろう？（こうなると分かっていたのに）」

「〇〇さん／みんなから良く思われるはずがない」

「こんなんじゃ全然ダメだ」

「なぜ私にはできないのだろう／力がないのだろう」

「まだ何も達成できてない」
「私は怠け者だから頑張らないとダメだ／休まずに働き続けないとダメだ」

こういった厳しい「内なる言葉」をかける時の口調（実際に話しているわけではないですが）にも注目してみましょう。こういった言葉を自分自身に対して向けるとき、優しく穏やかな落ち着いた口調で語りかけるでしょうか？ きっとそうではないでしょう。優しい穏やかな口調とは正反対の、冷たく、厳しく、批判するような口調で語りかけているのではないでしょうか。

●厳しい「内なる言葉」は誰のため？

「自分に対して厳しい言葉をかけることで、よりよいパフォーマンスができるようにしているんだ」と考える人もいるかもしれません。実際、多くの人が、厳しい「内なる言葉」をかける背景に、自分自身を律してパフォーマンスを高めるため、あるいは目標に向けてモチベーションを高め維持するため、といった理由があると言います。

では、そういった言葉かけは毎回うまくいっているでしょうか？　そういった言葉かけによって、モチベーションを高めたり、維持したりすることは毎回できているでしょうか？

実は多くの人が、こういった言葉かけは「うまくいくときとうまくいかないときがある」と言います。自分を奮い立たせようとして自分に厳しい言葉をかけるのですが、うまくいかないことも多くあるのです。また、こういった厳しい「内なる言葉」によって、短期的にやる気が高まることはあります。ですが、長期的にみると、際限なく高い目標を目指して疲弊したり、疲れて気持ちが沈み込んで終わってしまうことも多いと考えられます。

◉大切な人にかける言葉と比べてみよう

ではここで、ちょっとしたエクササイズをやってみましょう。自分自身に向ける「内なる言葉」は、他の人にかける言葉とどれくらい違っているか、探ってみましょう。

EXERCISE

次のような状況をイメージしてみてください。

あなたは大切な友人と会話しています。その友人はとても頑張っていますが、良い結果が出ませんでした。疲弊し、傷つき、思い悩んであなたのところに相談に来ました。

あなたはその友人に対して、どんな言葉を、どんなふうにかけてあげるでしょうか？

こういった状況では、話す内容（かける言葉の内容）はもちろん、話し方（口調）によっても、相手の反応は変わってきます。もし、あなたが友人に対して、「あなたたってバカね！どうしてできないの！」と厳しく怒鳴りつけたとしたら、当然のことですが相手はいっそう深く傷つき、腹を立て、気持ちはより深く落ちこんでしまうでしょう。何をする気力もなくなり、ショックで家に帰って寝込んでしまうかもしれません。

反すうを続けることは、実は自分自身に対してこのように接するのと同じことです。反すうはしばしば、自分自身を責めたり、自分のあら捜しをして欠点を指摘するような、とても意地悪な考えになるのです。反すうしているときは、「内なる言葉」の内容も口調も、とても厳しく、冷たく、批判的なものになります。

この章のポイントは、**自分自身に対して向けている「内なる言葉」に気づき、大切な友人（あるいは家族・恋人）にかけるような言葉に置き換えることで、やる気やモチベーションを高めたりパフォーマンスを維持したりする**ことを目指す、というものです。自分自身に対して、まるで大切な人に接するのと同じように、優しく穏やかで温かな言葉かけができたなら、ネガティブな考えや気持ちのループから抜け出し、解決へ向けて前向きに行動を起こす意欲が湧いてくるかもしれません。

●心の中で自分自身にかけている「内なる言葉」を振り返ってみよう

はじめに、ストレスを感じたり、物事がうまくいっていないときに、自分自身に対して心の中でどんな言葉をかけているか、振り返ってみましょう。

EXERCISE

「内なる言葉」を振り返るエクササイズ①

1．あなたがこれまでにストレスを感じたとき、物事がうまくいっていないと感じたときのことを思い出してみてください。何か良くないことが起きて落ちこんでいたとき、思うようにいかなかったとき、失敗してしまったときなど。どんな状況でもかまいません。

例：
・しっかり試験勉強したのに成績が思ったように伸びなかったとき。
・友人から電話があるはずなのに連絡がなく、「ひょっとして嫌われたのでは」と思うとき。

2. その状況をできる限り鮮明に思い出してください。今この場でその状況を再度体験しているかのように、そのときの光景をイメージしてみてください。まるで今あなた自身がその状況にいるかのように。

※時間をかけてもらって構いません。ゆっくり思い出しながら、その時のことや場面を頭の中で再現してみてください。

3. そのときの状況を鮮明に思い出すことができたら、次の質問に心の中で答えてください。

- どんな状況を思い出しましたか?
- 事態が悪い方向に進んでいくにしたがって、どんな言葉や考えが浮かびましたか?
- 自分自身に対して、心の中でどんな言葉をかけていましたか?
- そういった言葉を、どんな口調で、どれくらいの声の大きさ/速さでかけていましたか？

・そういった言葉を自分にかけると、結果はどうなりましたか？

・そういった言葉を自分にかけると、どんな気持ちになりましたか？　体はどんなふうに感じましたか？

もう一つ、エクササイズに挑戦してみましょう。今回は、少し違う場面をイメージします。

EXERCISE

「内なる言葉」を振り返るエクササイズ②

1．あなたにとって大切な人で、「その人が困っていたら自分が力になってあげたい」と思う人のことを考えてください。家族、友人、恋人など。あなたが力になりたいと思う人なら誰でもＯＫです。

2．次のような状況を想像してみてください。

その人が今、悩みを抱えてあなたのところに相談に来ました。その人はとても頑張っているけれど、結果はうまくいっていないようです。その人はとても落ちこんでいて、「私は何をやってもダメだ。うまくいかない」と言っています。

3．その人が今あなたの目の前にいて、あなたはその人と話しているかのように鮮明にイメージしてみてください。あなたはその人の力になりたいと願っています。

4．その人に対して、どんな言葉をどんなふうにかけてあげるでしょうか？　次の質問に、心の中で答えてみてください。

図 7-1　コンパッションモードの例

親しい人にかけるあたたかな言葉を自分に対してかけてあげる。

- 大切なその人の役に立ち、その人が元気を取り戻せるよう、あなたは何と言ってあげますか？
- そういった言葉を、どんな口調で、どれくらいの声の大きさ／速さでかけますか？
- そのように接したら、その人はどんな気持ちになると思いますか？　問題を解決しようという気に少しでもなるでしょうか？

二つのエクササイズに取り組んでみて、いかがでしたか？

「自分にも大切な人にも、まったく同じ言葉を同じようにかけていた」という人は、おそらくいないのではないでしょうか。

同じくらいつらい状況にあっても、**自分自身に対してかける言葉**と、**大切な人にかける言葉**は、とても違っていることがよくあります。自分自身に話しかけるときと、大切な人に話しかけるときとでは、内容が違っていたかもしれません。また、大切な人の力になるため、私たちは穏やかで温かいゆったりとした口調で励ましたり慰めたりするのではないでしょうか。

それでは、エクササイズの続きをしましょう。

5．最初にイメージしたのと同じ、ストレスを感じる困難な状況にあなた自身が置かれているところを想像してください。

その状況で、**大切な人に話しかけるのと同じように、自分自身に対して言葉をかけているところ**をイメージしてみてください。

困難を経験しているあなた自身に対して、まるで大切な友人に話しかけるかのように、優しく、穏やかで、温かな口調で、これまでの頑張りを労い、支え、サポートするような言葉をかけてみてください。

6．今の優しく温かな言葉かけと、最初にイメージした冷たく厳しい言葉かけとを比べながら、次の質問に対して頭の中で答えてみてください。

・どちらの言葉かけが、より解決につながりそうでしょうか?
・あなたが普段、自分自身に対して、優しく穏やかな、落ち着いた言葉かけをする頻度はどれくらいですか?(例:週に一回、月に二〜三回)
・ストレスを感じたとき、自分自身に対して優しく穏やかな言葉かけができたとしたら、何が変わると思いますか? どのように変わると思いますか?

◉自分に優しくするための五つのヒント

ここまでやってみて、「確かに大切な人への言葉かけと自分への言葉かけでは、内容も口調も違う。自分に優しくしたほうが良いことも分かった。でも、自分に優しくするのは難しい」という感想を抱いた方もいるかもしれません。そんな方でも、少しずつ自分に優しい言葉かけができるヒントを紹介します(図7-2)。

「失敗や過ちは誰にだってあること。自分だけではない」
と考える、自分に言い聞かせる

たとえ小さなことでも、**進歩したこと、前進したこと、**
やり遂げたことに目を向ける

これまでにうまくいったことや得意なことにも目を向ける
「○○だったらうまくできる」
「うまくいった状況から学べることはないだろうか？」

物事を俯瞰で見てみる
「転んでもただでは起きない。この状況から学べることがあるはず」

思い切って次のステップへと進んでみる
「次のチャンスがきっとある」「次へと進んでみよう」

図7-2 自分に優しいコンパッションモードの
言葉かけをするためのヒント

(1)「誰にだって起きること。自分が特別なのではない」と考えてみる

失敗や過ち、後悔は誰にだってあります。完璧な人など存在しません。ミスをしない人間は、何もしない人間だけです。「今直面している困難は、誰にだって起きること」――そんなふうに考えてみましょう。

(2)小さな進歩にも目を向けてみる

これまでに、あなたが努力したこと、小さくてもやり遂げたこと、進歩したと思うこと、これらを残さずすべて挙げてみましょう。どんな些細なことでも結構です。ネガティブな面はちょっと脇に置いておいて、ポジティブな面を探してみましょう。

(3)今までにうまくいったこと、得意なことに光を当ててみる

今回とは別のことで、うまくいったときのことを思い出してみましょう。その状況をできる限り鮮明にイメージしてみてください。その状況から学べることはないでしょうか。

うまくいった状況に目を向けることで、別の状況でもうまくいく可能性を高めるヒントが得られるかもしれません。また、そもそも「うまくいくことだってある」「できることがある」と思えることも大切です。

(4)ものごとを俯瞰して見てみる

難しい状況であるほど、うまくいかなくて当たり前です。今の状況から一歩引いて考えてみましょう。嫌な気持ちは時間が経てば薄れるし、次のチャンスもあります。結果ではなく、そこに至ったプロセスに注目しましょう。今回は結果的にうまくいかなかったとしても、そこから学んで、挑戦し続けていれば、きっと困難を乗り越えることができるはずです。

(5)思い切って次のステップに進んでみる

「大丈夫。少しずつでも前に進んでいる。いずれできるようになる」――そう自分に言い聞かせて、怖い気持ちがあっても、次へと進んでみましょう。厄介な問題は小さくスモールステップに細分化して、小さな課題に一つ一つ取り組んでいきましょう。千里の道も一歩から。小さなことからコツコツと。とても小さな変化が、積み重なって大きな変化になるかもしれません。

五つのヒントを参考に、自分自身にどんな言葉をかけてあげることができそうでしょうか？

自分自身に言葉をかけるときの口調は、**「優しく、ゆっくり、穏やかに」**を心がけましょう。つらいときほど、まずは深呼吸をしてから、自分自身に対して優しく、穏やかに言葉かけをすることを意識してみましょう。

100パーセント確実などということは、何事においても存在しません。人生は不確かなことだらけですし、何が起きるか分からないものです。何が起きるかは分からないけれど、だからといって何もしないのではなく、分からないなりにやってみる、「試しにやってみる」気持ちでいきましょう。自分自身に優しい言葉かけをすることを通して、「ひとまずやってみて結果をみてみる」という、まるで実験をしてみるかのような姿勢がとれるようになれば、しめたものです。

初めはうまくいかないことも多いものです。そういった時は、自分を責めるのでなく、「そこから新しい学びが得られるチャンスだ」「このことから何を学べるだろう？」と考えてみましょう。

●コンパッションモードの言葉かけを、もしもプランに取り入れてみよう

ここまでで紹介した「自分自身に対する優しい言葉かけ」のことを、**コンパッションモードの言葉かけ**と呼びます。コンパッションモードとは、自分自身や他の人に対して、優しい思いやりの気持ちや慈しむ気持ちをもった状態を言います。このコンパッションモードは、自分に厳しく自己批判的な言葉をかけるものと正反対であるため、反すうを減らしたり、反すうの影響を小さくしたりするのに役立ちます。

コンパッションモードの言葉かけは、ストレスを感じる危険サインに気づいたときの対

処方法として用いることができます。危険サインに気づいたら、自分自身に対して優しい言葉かけができるよう、もしもプランを次のように作ってみましょう。

HINT!

もしも 肩に力が入る、やるべき作業に集中できないなどのストレスの危険サインに気づいたら
そのときは 友人に話しかけるような落ち着いた穏やかな口調で、自分自身に話しかけてみる

●自分に優しくできないとき

自分を甘やかして何もできなくなるのが怖くて、自分に優しい言葉をかけて良いか分からないときは、以下の三つのステップを参考に練習してみてください。

EXERCISE

(1) **これくらいなら自分でも言えそう、と思える前向きな言葉**を、一つでよいので探し

てみてください。そしてそれを、できるだけ優しく穏やかな口調で、自分自身に向けて心の中でかけてみてください。その言葉をかけられたあなたは、どんな気持ちになるでしょうか？

⑵**今すぐにできる、自分に対して少しでも優しくできること・行動**は何でしょうか？試しにそれをやってみて、それによって本当にやる気がそがれて何もできなくなってしまうか、実験してみましょう。

⑶自分を責めるような批判的な言葉かけにどんなメリットがあるか、探してみましょう。自分に対して批判的であることのメリットは何でしょう？　責めるような言葉かけと、優しい言葉かけ、両方のメリット・デメリットを書き出してみてください。もし、自分を責めるような言葉かけをしてもやる気が出なかったり、力が発揮できなかったりするのであれば、他の方法を試す価値があるかもしれません。

●自分に優しくあるためにできること

ここまで、自分自身に優しい言葉かけを行うことで、パフォーマンスやモチベーションを高めたり維持したりする方法を紹介しました。

自分に優しくするためには、心の中でかける言葉を変えるだけでなく、行動を変えることも効果的です。次のように自分自身に問いかけてみましょう。

HINT!

- 自分自身のことをもっと大切にするとしたら、どんなこと（行動）ができるだろう？
- 自分自身のことをもっと大切にするとしたら、どんなこと（行動）を減らす・控えるとよいだろう？

●自分のからだとこころを大切にする

「自分自身のことを大切にする」というのは、ちょうど他の人に対して向けるのと同じように、**自分自身に対して敬意をはらうこと、自分を一人の人として尊重することです。**

日常生活の中で何気なく取ってしまう一つ一つの行動や、その時々の体の感覚に少し意識を向けて、「自分自身を大切にする」方向に調整してみることを考えてみましょう。同時に、ストレスを感じる行動を減らす方法や、ストレスを減らす行動を増やす方法も、探してみましょう。

◯自分を大切にするためにできること

次に掲げるのは、こういった行動をすることでストレスを減らすことができる、と多くの人が感じるものです。

HINT!

ストレスを減らすことができる活動の例

- 前向きに考える人、ポジティブに考える人と普段から一緒にいるようにする
- 前向きでポジティブなこと、ためになることをする
- 体のメンテナンスをする、健康管理に気をつける

- 新しいことに対して興味をもち、挑戦してみる
- 規則正しい食事をとる
- 規則正しい睡眠を心がける
- ストレスを感じたら、休んでリラックスするようにする
- 自分で自分をほめる、自分にご褒美をあげる
- 体を動かすこと（スポーツなど）をやってみる
- 興味を持てることや熱中できることに割く時間を増やす
- やらないといけないこと（have to do）ではなく、やりたいこと（want to do）を優先する
- 今夢中になれること、やってみたいことをやる

○自分を大切にするために控えるとよいこと

次に掲げるのは、こういった行動を控えることでストレスを減らすことができる、と多くの人が感じるものです。

HINT!

ストレスを減らすために控えると良い活動とそれに対する工夫の例

- スケジュールを詰め込みすぎる ⬇ 詰め込みすぎないようにする
- 一度にたくさんの仕事に取りかかろうとする ⬇ 一度に取り組む仕事の量を減らす
- 危ない場所、リスクがある状況に出向く ⬇ 危険や害が及ぶ状況を避ける
- 食べ過ぎ、飲み過ぎ ⬇ 食べ過ぎ・飲み過ぎは避ける
- 締め切りギリギリに物事をする ⬇ 時間に余裕をもち計画的に物事に取り組む
- 時間が足りなくなって慌てて取り組む ⬇ 慌てて取り組まないといけない状況を作らない
- 自分で自分を追い詰める ⬇ 自分で自分を追い詰めない
- 長い時間インターネットやゲームをする ⬇ インターネットやゲームに時間をかけすぎない
- 物事を先延ばしにする ⬇ スモールステップに細分化して小さなことから取り組む

◉自分に優しくする計画を立てよう

自分に優しくするために、できそうなこと、控えると良さそうなことがみつかったら、**どうすればその行動を増やす／減らすことができるか、**具体的に計画を立ててみましょう。

自分を大切にするために、どんなことを増やす／減らすことができると良いでしょうか？　まず、取り組みやすそうなものを一つ選びましょう。そして、**近いうちに（今週・今月）それを始める**にはどのようにしたらよいか、手始めに何から始めるのが良いかを考えてみましょう。

実際に開始できる可能性を高めるためには、**何から手をつけるか、次にどうするか**といった手順を、具体的にイメージしておけると良いでしょう。例えば「体を動かすためにスポーツジムに行く」という計画を立てるのであれば、何曜日の何時からであればジムに通いやすいか、服装や持ち物をいつどのように準備するか、といったことを具体的に決めておくことで、実際に実行できる可能性が高まるでしょう。

POINT!

◉振り返り――第7章のポイント

最後に、第7章のポイントをおさらいしておきましょう。

・心の中で自分自身にかけている「内なる言葉」に意識を向けてみましょう。自分自身に対して、厳しく批判的な言葉をかけ続けていませんか？

・自分に対してできる限り優しく、温かな言葉をかける練習をしてみましょう。大切な人に接するかのように、自分自身に優しく接し、慰め、励ますことに意識を向けてみましょう。

・自分を大切にするためにやってみると良いこと、控えると良いことを探してみましょう。それらを実際に日常生活の中に取り入れ、その行動に取り組んだり減らしたりしてみましょう。

第8章

反すうに支配されない生活を続けるために

——これまでの取り組みを続けつつ、アサーティブモードでいこう

本書ではここまで、**「ぐるぐる思考に気がついたときに、これまでと違う対処の方法を試してみる」**ということをポイントに、第5章から第7章で具体的な方法を紹介してきました。ネガティブな考えにとらわれるのではなく、問題の解決を目指す前向きなモードを紹介し、そういったモードで反応する練習を重ねてきました。

この本を読み終えても、反すうや心配のぐるぐる思考がすべてなくなるわけではないと思います。本書で紹介したさまざまな方法を通して、反すう・心配やそれらの危険サインに気がついたときに、それに対して新しい対処方法を繰り返し用いていくこと、そしてそれによって反すう・心配に代わる新しい方法を習慣にしていくことが大切です。

本書を読んで、少しでも役に立つと感じた方法があれば、ぜひ練習を続けてみてください。練習を繰り返すことで、変化をより確かなものにしていくことができます。繰り返すうちに、そういった方法が習慣になれば、反すう・心配のぐるぐる思考に支配されない生活を続けることができるはずです。

◉もしもプランがうまくいかないとき

習慣化した反すうは、変えるのに時間も労力も要します。ここまでの内容を読んで、「もしもプランがうまく作れない」、「計画したとおりにやってみたけれどうまくいかない」といった感想を抱いた方がいるかもしれません。

新しい方法は、どんなものであれ最初は難しいものです。こうしてみたらどうだろうか、ではこうだったら……というように試行錯誤を繰り返しているうちに、変化が起きやすくなり、練習するたびに変化を感じられるようになっていきます。

ここでは、もしもプランを活用するためのヒントを紹介します。

HINT!

1．「もしも……」の部分は十分具体的でしょうか。

反すう・心配をしているときの変化や危険サインが具体的に特定できているほど、それに気づきやすくなります。ストレスを感じ始めたとき、最初にあなたが気づくサインは何でしょうか？　振り返って考えてみましょう。頭の中に浮かぶ考えかもしれませんし、頭痛、疲労感、心臓のドキドキなど、体の感覚かもしれません。こういった危険サインを特定できれば、もしもプランの実行可能性がそれだけ高まります。

2.「そのときは……」の部分も、できるだけ具体的に書いてみましょう。

何をどのように行うかを、具体的に書くようにします。詳しい内容を盛り込むことができれば、それだけ実行しやすくなるはずです。

3.プランB（代替案）も考えておきましょう。

考えた計画が何らかの事情でうまく使えない、あるいは役に立ちにくいことはよくあります。そういった場合に備えて、代替となる別のもしもプランを考えておくと役に立つかもしれません。

4.少しでも役に立った、変化があったと感じられれば、それを続けてみてください。

小さな変化でも、繰り返すことで大きな変化につながります。もしもプランは、続

けるほど変化がより確かになり、そして取り組みやすくもなります。

実は多くの人が、「もしもプランがうまくいかない」と感じることがあります。もしもプランを作ってやってみたけれど、効果を感じなかった、という声もしばしば聞かれます。ですが、**本当に何の変化も起きていないでしょうか？** ほんの少しだけ気持ちが晴れたとか、ほんのわずかだけれど沈んでいた気持ちが軽くなった、といったことはないでしょうか？ 小さな変化が起きていなかったか、振り返ってみましょう。大きく劇的な変化を期待して、小さな前向きな変化を見逃してはいないでしょうか。

少しでも違いを感じたら、何度かチャレンジしてみてください。小さくても変化を感じるたび、気持ちが軽くなるたびに、取り組みやすくなっていくはずです。

習慣となったぐるぐる思考を変えるには、**繰り返し練習すること**が大切です。計画を立てて、繰り返しやってみることで、最初は小さくても次第に大きな効果を実感できるはずです。

◉万能の方法はありません

本書では、反すうや心配のぐるぐる思考に代わる、新しい役に立つ対処方法を紹介しました。だからといって、日常生活の中ですべての方法を用いる必要はありません。また、本書で紹介したすべての方法がすべての人にとって役に立つわけではありません。ですので、紹介した方法を全部やり続ける必要はありません。

どの方法が一番効果的かは、人によっても状況によっても違います。ある人は、ストレスを感じる出来事・状況に対処するために、具体モードで対処するのが役に立つ、と感じるかもしれません。またある人は、自分に優しくするコンパッションモードが役に立つ、と感じるかもしれません。人によって違って良いのです。

どれか一つでも役に立てばという願いから、本書では多くの方法を紹介しました。自分にとって役立ちそうな方法が見つかったら、その方法を使って対処することを繰り返してみてください。そういった方法を習慣にできれば、そのぶん大きな効果を発揮します。

●対人関係とストレス

私たちが日々経験する困難やストレスの多くは、私たち自身の中だけの問題ではありません。多くの場合、私たちは自分自身と他の人との**対人関係の中で難しさやストレス**を感じます。相手があることですから、私たち自身だけで容易に解決できることではありません。

私たちは、自分がどんな性格か、何が好きか、どんなことに幸せや悲しさ・怒りを感じるか、といったことを、他者との関係の中で確認し、自分という存在を形づくっています。自分自身の存在が他者との関係の中で確かなものになるのと同じように、私たちの考えも、他者との関係の中で生じてきます。大切な人とケンカをしてしまい、そのことについて繰り返し考えたり、自分が相手を傷つけてしまったと考えて後悔したり、「○○さんみたいにできない」「自分は△△さんよりも劣っている」と考えて落ちこんだり……というように、**ぐるぐる思考の多くも、他者との関係性に起因しているの**です。

ここでは、対人関係に基づくことをぐるぐると反すうしている自分に気づいたとき、どのように対処できるのかを考えてみましょう。

◉考えや気持ちを他者に表明すること

反すう・心配のぐるぐる思考をしやすい人ほど、「**自分の考えや気持ちを他者に対して表現するのが難しい**」と感じる傾向があります。他者に対して自分の思いや考えを表現することが難しいために、余計に反すうしてしまう、というパターンがあるようです。この背景には、二つの要因が考えられます。

HINT!

- 反すう・心配をする人ほど、自分が他者の目にどう映るか、他者からどう評価されるかを（過剰に）気にするため。
- 他者を不快な気持ちにさせないようにと（過剰に）気にするあまり、他者に同調してしまうため。

次のFさんの体験談を読んでみてください。Fさんと似たような経験を、あなたもしたことはありませんか？

Fさんは最近、友人のGさんから「一緒に飲み会に行こう」と誘われました。Fさんは、このところ仕事が忙しくて疲れが溜まっていたし、参加すると聞いたメンバーもそこまで親しい人たちではなかったため、乗り気ではありませんでした。でもFさんは、**「私が断ると、誘ってくれたGさんが嫌な気持ちになるのではないか。今後Gさんから誘ってもらえなくなるのではないか」**と思い、断ることができませんでした。

当日、Fさんは少し無理をして飲み会に参加しましたが、結果は散々でした。Fさんが疲れている様子に気がついたGさんは、すぐに他の友人とばかり話すようになり、Fさんはほとんどの時間を一人ぼっちで過ごしました。飲み会の翌日、Fさんは「楽しい時間を過ごせたはずなのに。仕事も溜まっているし、余計に疲れてしまった」と考え、後悔しました。

Ｆさんの例からも分かるように、自分の考え・意見を伝えないことで、悪い結果につながる可能性があります。他者との間で困難や問題が起きているとき、何も言わずにいることで困難や問題がそのまま放置され、事態が悪化してしまうことがあるのです。

自分の気持ちや考えを言わないことは、**困難を乗り越えるチャンスや、情報をきちんと共有する機会を失う**ことを意味します。そうなると、自分の中だけで反すう思考がぐるぐると続き、つらさや苦しさがますます強くなります。

また、自分の意見を言わないことは、**自分自身に対して、「自分の考え・意見には価値がない」というメッセージを送る**ことになります。そういったメッセージを自分自身に送り続けた結果、自信を失ってしまうことがよくあります。

◉対人関係の中で感じるフラストレーションや怒り

私たちは、他者との関係において困難が生じたとき、**相手の人が自分をどれほど不当に扱ったか、どれほど自分が軽んじられたか**を繰り返し考えることによって反応することがあります。自分が怒っていることを相手には言わず、そのことを自分の中だけでぐるぐると考えるような場合です。その結果、相手には直接表現はされませんが、怒り感情だけはどんどん増幅されます。そのうち怒りが爆発して、他の人を攻撃したり、怒鳴ったり、責めたりしてしまうのです。

次のHさんの体験談を読んでみてください。まったく同じではないとしても、似たような経験をあなたもしたことはありませんか？

Hさんは休暇を利用して友人たちと旅行に行く約束をしました。最初のうちは、友人の一人であるIさんが率先して計画を立ててくれ、行き先を決めたり必要な予約を取ったりしてくれていました。しかしある日から、IさんはHさんに対してだけ進捗を連絡してこなくなりました。そのことをHさんが知ったのは、数日後に別の友人に会ったときでした。Hさんは、Iさんがなぜ連絡をしてこなくなったのかが分からず混乱しました。かといってそのことを直接Iさんに問いつめる気にもなれず、怒りを抑えて我慢しました。しかし、それでも内心ではほらわたが煮えくり返る思いでした。

その日は帰宅後も楽しい気分にはまったくなれず、家でお母さんがまったく関係ない話題について話してきたときにHさんは過剰に反応し、お母さんに対して怒りをぶつけてしまいました。後になってHさんは、お母さんに対して八つ当たりしたことにとても罪悪感を覚えました。

まったく同じとまではいかなくとも、このHさんと似たような体験は、実は多くの人が経験したことがあるのではないでしょうか。怒りを溜め込むことで、私たちにどういった悪影響があるかを、このHさんの例は示しています。怒りに任せて行動してしまった結果、無関係の人たちとトラブルに発展する可能性もあります。

そもそも、怒りを感じ続け、ぐるぐると反すうすることは、とてもエネルギーを使い、疲れることです。怒りや不満をため込み過ぎると、爆発して口論やケンカになり、大切な人との関係にヒビが入ることさえあります。

◉「アサーティブ」なコミュニケーション

他者との関係の中で難しさを感じたとき、どのように対処したらよいでしょうか。

ぐるぐると反すうすること、怒りに任せて怒鳴り散らすこと、黙って他者に言われたい放題にされること――これらはどれも、役に立つ対処方法とは言えません。こういったときに役に立つ方法が、**アサーティブなコミュニケーション**です（アサーションともいいます）。

アサーティブなコミュニケーションとは、**相手のことを尊重しつつ、自分自身の意見や欲求、感情、願望を、落ち着いて冷静に、軽やかに相手に対して表現する**コミュニケーションの方法です。自分自身が感じていることや望むこと、必要とすることを、落ち着いて、自信を持って、はっきりと端的に伝えるコミュニケーションといえます。

アサーティブなコミュニケーションを行ううえで、特定の場面について具体的に考える**具体モード**（第5章参照）が役に立ちます。このあとのセクションで、エクササイズを通して詳しく見ていきましょう。中でも、**Noと言えること、自分の気持ちを伝えることは**、アサーティブになるために大切な二つの基本ポイントです。

EXERCISE

エクササイズ：アサーティブではなかった状況

最初に、あなたがアサーティブになれなかった状況について振り返ってみましょう。

> 最近、あなたが誰かに何かをお願いしたい、または何かをしてほしいと思ったけれど、うまく伝えられなかったため、あるいは相手の反応が良くなかったために、うまく頼むことができなかった場面を思い浮かべてください。ケンカになってしまった場面でもＯＫです。

その状況をできるだけ鮮明に、具体的にイメージしてください。できるだけ詳しく思い出しながら、相手の人とあなたが実際にどんなことを言ったか、何をしたのかを詳細にイメージしてください。以下の質問に対して頭の中で答えながら、イメージしてみてください。

- どこで起きましたか？
- 周囲に何がありましたか？　周囲のものに意識を向けてみましょう。
- 誰がいましたか？　それぞれの人はどんな様子でしたか？
- 誰が、どんな順序で、何をしましたか？
- その状況に対して、あなたはどう反応しましたか？
- あなたが反応した結果、どうなりましたか？
- その後、あなたはどのように感じましたか？

以上の内容を頭の中でイメージすることで、あなたが意見を言いたかったけれどアサーティブになれなかったときに、どんなことが起きていたかを振り返ってみましょう。

◉アサーティブになるためのヒント

アサーティブなコミュニケーションがとれるようになるにはどうしたらよいのでしょうか。ヒントを九つ紹介します。

HINT!

1．あなた自身が大切にしている考え・価値観、あなたの意見、あなたの気持ちに意識を向けてみましょう。

どんな人にも、その人独自の価値観や大切にしていること、意見、気持ちを持つ権利があります。これは、あなた自身にも言えることです。あなた自身の価値観や考えも、他の人が持つ価値観や考えと同じように、大切なものなのです。

そして、もう一つ大切なのは、それらは他者とは違っていてよいということです。どれだけ大切な人であっても、まったく同じ価値観や気持ち、考えをもつ必要はありませんし、そんなことは不可能です。「お互いに違っていてよいのだ」と考えながら、相手の価値観・考えも、自分自身の価値観・考えも尊重するようにしましょう。

2. どれだけネガティブで嫌な気持ちであっても、色々な気持ちを感じるのは人間として自然なことです。それが役に立つことも多くあります。

人間誰もが、ポジティブな感情とネガティブな感情の両方を体験します。これらの感情には役割があって、自分にとって重要な情報を自分自身や相手に伝えてくれます。だからこそ、感情を他者と共有する意義があるのです。自分自身の感情は、抑えこもうとするのではなく、表現しようとしてみることが大切です。

3. なにごとも「試してみる」「やってみてどうなるか見てみる」という『実験者』の姿勢で行きましょう。

自己主張をする前は、言ったらどうなるか、どんな反応が返ってくるか、というようにさまざまなことが怖く感じられるものです。そういったときこそ、「実際に言ってみたら、今感じている怖い気持ちはどうなるだろう？　どんなことが起きるだろう？」と、まるで実験をするかのように、好奇心をもって結果を見てみましょう。あなたの主張に対する他の人の反応を観察してみましょう。実は多くの人が、自分の考えや意見を口にしてしまうと、他の人の怒りを買ったり、見捨てられたり、恥ずかしい思いをするのではないか、ひどい反応を受けるのではないかと恐れています。こういった懸念は、現実にその通りになるでしょうか？　心配したことが実際にはそうならないことも多い、と気づく体験は、今後の人付き合いの仕方、人との距離の取り方を学ぶのに大きく役立ちます。

4. 落ち着いて、しっかり、はっきり表明しましょう。

言葉にするときは、ゆっくり、落ち着いて話しましょう。話す前は、深くゆったりとした呼吸を心がけましょう。アワアワ……と慌てて対応するのではなく、しっかり確実に、自分の意識を確かに持って話しましょう。今の状況がどうであるかを説明し、相手の人に、何が気になっているかを伝えましょう。事実に基づいて話しましょう。ためらいや長い前置きは不要です。回りくどく話すことや、あなたが悪いわけではないことについて謝ることも必要ありません。要点を簡潔に、直截的《ちょくせってき》に伝えることを心がけましょう。

5. あなたが望んでいること、求めていることを伝えましょう。
あなたが何を望んでいるのかを相手に説明しましょう。「○○して欲しい」「○○して欲しくない」というように、はっきりと言いましょう。Noと言うときも、はっきりと明確に言いましょう。

あなたの心を読むことは誰にもできません。言葉を用いて直截的に伝えることが大切です。

6. 短気は損気。気長に行きましょう。
目標が何なのかを見失わないようにしましょう。目標を達成するためのあなた自身のあり方を大切にしましょう。穏やかに、しっかり、ゆっくり、ためらわずに、自信をもって話しましょう。

7. 相手の人が話し終わったら、あなた自身も発言してみましょう。
相手の人が話し終わったら、相手の人が言ったことを要約し、自分が正しく理解できているかどうかを確認してみましょう。「私は、あなたが〇〇と言ったと理解していますが、合っていますか?」というように確認してみましょう。

8. 相手の人の発言や行動を受けて、あなた自身が思うこと・感じることを言葉で伝えてみましょう。

相手の人は、自身の行動や発言によってあなたがどんなことを思い、考え、感じたかを分かっていないかもしれません。そのため、相手の人の言動から、あなたが何を思い、感じたかを、相手の人に伝えることはとても大切です。あなたがネガティブな気持ちになったときはなおさらです。

伝えるときは、どの言動に対してそう思ったのか、というつながりを明確にできると良いでしょう。例えば、「あなたは私に対して、〇〇してほしいとお願いをしてきました。それに対して、仮に私が『良いですよ』と答えたとすると、私は自分が利用されているように感じるのです」とか、「私は今、どう感じているかをあなたに伝えました。するとあなたは、『そんなんじゃダメ。もっとしっかりしてください』と言いました。私はしっかりと自分が感じたことを伝えたつもりなので、あなたにそう言われると、私は分かってもらえていないと感じます」というように言うことができます。また、自分の力や知識の限界について伝えることも大切です。

9.「他の人ならどう思うだろうか」と考えてみましょう。

自分ではない他の人の立場に立って考えてみることも役に立ちます。「相手の人はこの状況をどう見ているのだろう？」「その人にとって何が大切なのだろう？」というように相手の人の目を通して世界を見ることで、相手の人が何を求めているのかが分かったり、コミュニケーションをとるためのヒントが得られるかもしれません。

◉アサーティブな表現を目指してみよう

先ほどのヒントを参考にしながら、あなた自身の気持ちや考えをアサーティブに表現することを目指してみましょう。次のアドバイスも、参考してみてください。

HINT!

アサーティブな表現をするためのアドバイス

●ぐるぐる思考をする人の多くに、「Ｎｏと言うくらいなら従う」傾向があります。断った時の相手の反応を過剰に気にしてしまい、本当は乗り気でなく嫌に思っていても、ついＹｅｓと言ってしまうのです。ちょうど、Ｆさんが飲み会の誘いを断ることができなかったように。

断った時に相手の人がどう反応するか――これぱかりは、実際に断ってみないと分かりません。でも、「私が行かなかったとしても友人は飲み会に参加できて楽しいだろうし、他にも人がたくさんいて退屈はしないだろう。私一人が断ったところでそこまで怒ることはないだろう」と考えることができるかもしれません。

そのように考えることができたら、今度同じように誘われたときには、疲れていて参加しても楽しめないと思うこと、参加した後に疲れてネガティブなことをたくさん考えてしまいそうなこと、もう少し余裕がある時ならば楽しめそうなので、次の機会に参加してみたいと思っていること、といった内容を、落ち着いた穏やかな口調で、友人に直接的に伝えることができるとよいかもしれません。

● 友人たちとの旅行の連絡が自分にだけ突然来なくなったときは、その状況について、その友人（Iさん）に直接話してみたほうが良いでしょう。「他の友人にはメールが送られてきているけれども、宛先に私は含まれていなかったよ」というように、事実に忠実に、冷静に話すと良いでしょう。感情に任せたり、回りくどい言い方をしたりせず、落ち着いて、端的に話すことができると良いでしょう。「自分がのけ者にされたように感じた」というように自分の思いを伝えられたら、相手の人の行動の結果が自分自身にどのような影響を及ぼしたかを伝えることができます。それに対する相手の人の反応を見ることで、今後どうすればこういった事態を避けられるかを考えることができるかもしれません。

◉アサーティブモードで困難に対処してみよう

ここまでの内容を踏まえて、日常生活の中のさまざまな場面で、「自分自身も相手も尊重しながら、自分の考え・気持ち・意見を軽やかに表現してみる」というアサーティブなコミュニケーションを試してみましょう。試してみるときは「実験者」の姿勢で、やってみたら相手はどう反応するだろうか、どういう結果になるだろうかと、好奇心を持って取り組んでみましょう。

アサーティブなコミュニケーションが役に立ちそうであれば、そういった方法を習慣にしていけると良いでしょう。繰り返しになりますが、新しい行動を身につけるには、繰り返し練習することが大切です。アサーティブなコミュニケーションを、もしもプランに取り入れて練習してみましょう。もしもプランに組み入れることができそうであれば、ここまでの内容を参考に、次のように**アサーティブなモードで対処してみる計画**を立ててみてください。

HINT!

もしも　〇〇（対人関係の中でストレスを感じる危険サイン）に気づいたら
その時は　△△（具体的な方法・意識の向け方）によってアサーティブに自己表現をする

◉よりよい明日のために

この本を読み終えても、反すうがすべてなくなるわけでも、心配事がまったくなくなるわけでもないと思います。

ですが、本書で紹介した方法を繰り返すことで、少しずつストレスに対してうまく対処できるようになれば、心理的な回復力が高まり、嬉しさや幸せといったポジティブな感情を感じやすくなるはずです。そのために、**「ストレスやその危険サインに気がついたら、反すう・心配ではない対処の方法を試してみる。その方法を繰り返してみる」**という本書の原則を、ぜひ日々の生活の中に取り入れて試し続けてみてください。

ストレスによりよく対処するための王道は、役に立つ方法を繰り返し実践することです。繰り返すことで、小さな変化が定着していきます。初めに空いたのがたとえ小さな穴だったとしても、そこから水が流れ続けることで、だんだんと穴が大きくなり、やがて大きな流れとなるように。あなた自身の心が少しでも軽くなる方法があれば、それを日々の生活の中で繰り返し用いてみてください。そうやって繰り返すことで、うつ的な気分から抜け出すことがきっとできるはずです。

●これからの計画を立てましょう

毎日の生活の中で私たちが直面する困難や問題。日々の生活の中で出くわす、先が見えない不安やつらい出来事、感情、ストレス。こういったものを完全に避けることはできません。これらを感じない生活は、まったく何事にも挑戦しない、退屈な生活とも言えます。

山あり谷ありの日々の生活を私たちが前向きに送る中で、今後さまざまな困難やストレスが発生したときに、どのように対処することができるでしょうか。対処の方法を、事前に考えておくことができるとよいでしょう。

本書では、ストレスへとつながるさまざまな状況について見てきました。そして、問題に直面してストレスを感じるとき（＝危険サイン）にできるだけ早く気づき、反すうや心配とは違った、より効果的な対処方法で対処する、というポイントをお伝えしてきました。

あなたにとって、ストレスを感じる状況や危険サインはどういったものだったでしょうか。そして、そういった困難な状況や感情に対処するために、役に立ちそうな対処の方法は何だったでしょうか。本書を読み進める中で、役に立った、あるいは役に立つと思えた対処方法は何でしたか。もう一度振り返ってみましょう。そして、その方法を、日常生活の中で実践してみることを繰り返してみましょう。千里の道も一歩から、ローマは一日にして成らず。本書を手に取ることで生じ始めた小さな変化を、繰り返すことでより大きな変化にしていただけたら幸いです。

おわりに

中川敦夫

十年ほど前のことです。私は、うつ病のために休職を繰り返し、薬物療法や電気刺激療法を行ってもうつ症状が改善しなかった四十代の男性に、認知行動療法を実施していました。しかし、この男性は「ぐるぐる思考」が強く、治療がなかなか進みませんでした。そのとき私は、「従来の認知行動療法を粘り強く続けるだけでいいのか？　他にもっと効果的な方法はないのだろうか？」と考えるようになりました。

実際、私たちの研究グループが行った抗うつ薬治療で十分に改善しなかった患者さんに対する認知行動療法の臨床試験では、うつ症状が改善する方が約半数いましたが、残りの方々は「反すう」や過剰な「心配」のために治療が思うように進まず、改善が見られないケースも一定数ありました。

そんな折、英国エクセター大学のエドワード・ワトキンス博士が開発した「反すう焦点化認知行動療法（ＲＦＣＢＴ）」の論文に出会いました。この治療法は、抗うつ薬で改善しなかった患者さんのうつ症状だけでなく、反すうも改善させる効果を持つことが示されていました。この論文を読んで感銘を受けた私は、すぐに博士に連絡を取り、ＲＦＣＢＴのマニュアルを共有していただけるようお願いしました。幸運にも、まだ出版前の原稿を提供していただけたのです。

その後、二〇一五年には博士を日本に招聘し、二〇一七年には私たちがエクセター大学を訪問して直接指導を受ける機会にも恵まれました。また、二〇一八年には再び博士を日本にお招きし、さらには博士のもとで研鑽を積まれた梅垣佑介先生にも指導をいただくなど、多くの貴重な学びの機会を得ることができました。これらの経験が、本書の執筆の基盤となっています。

ＲＦＣＢＴを四十代男性に実施した結果、彼のうつ症状と反すうは見事に改善し、今では問題なく仕事を続け、充実した生活を送られています。

本書の執筆にあたり、慶應義塾大学医学部精神・神経科学教室ならびに聖マリアンナ医科大学神経精神科学教室のＲＦＣＢＴ研究グループ、奈良女子大学大学院の梅垣佑介研究室の皆さまに多大なご協力をいただきました。また本書の内容はワトキンス先生と梅垣先生とで共同開発したRFCBTセルフヘルプ・プログラムを基盤として執筆いたしました。プログラムを使用することに快くご承諾いただきましたワトキンス先生に、心より御礼申し上げます。さらに岩崎学術出版社の鈴木大輔氏には編集作業を通じて多大なご助力を賜りました。この場を借りて、深く感謝申し上げます。

本書が、少しでも皆さまの日々のストレス対処に役立つことを心から願っています。

1 Nakagawa A, Mitsuda D, Sado M, Abe T, Fujisawa D, Kikuchi T, et al. Effectiveness of Supplementary Cognitive-Behavioral Therapy for Pharmacotherapy-Resistant Depression: A Randomized Controlled Trial. *J Clin Psychiatry* 2017; 78: 1126–35.

2 Watkins ER, Mullan E, Wingrove J, Rimes K, Steiner H, Bathurst N, et al. Rumination-focused cognitive–behavioural therapy for residual depression: phase II randomised controlled trial. *Br J Psychiatry* 2011; 199: 317–22.

参考文献

はじめに

1 Watkins, E. R. (2016). *Rumination-focused cognitive-behavioral therapy for depression.* Guilford Press.（ワトキンス，E．R．大野裕（監訳）・梅垣佑介・中川敦夫（訳）（二〇二二）うつ病の反すう焦点化認知行動療法　岩崎学術出版社）

第1章

1 McLaughlin, K. A., & Nolen-Hoeksema, S. (2011). Rumination as a transdiagnostic factor in depression and anxiety. *Behaviour Research and Therapy, 49*(3), 186–193. https://doi.org/10.1016/j.brat.2010.12.006

2 Nolen-Hoeksema, S. (2000). The role of rumination in depressive disorders and mixed anxiety/depressive symptoms. *Journal of Abnormal Psychology, 109*(3), 504–511. https://doi.org/10.1037/0021-843X.109.3.504

3 Nolen-Hoeksema, S., Stice, E., Wade, E., & Bohon, C. (2007). Reciprocal relations between rumination and bulimic, substance abuse, and depressive symptoms in female adolescents. *Journal of Abnormal Psychology, 116*(1), 198–207. https://doi.org/10.1037/0021-843X.116.1.198

4 Takano, K., & Tanno, Y. (2009). Self-rumination, self-reflection, and depression: Self-rumination counteracts the adaptive effect of self-reflection. *Behaviour Research and Therapy, 47*(3), 260–264. https://doi.org/10.1016/j.brat.2008.12.008

5 Watkins, E. R., & Nolen-Hoeksema, S. (2014). A habit-goal framework of depressive rumination. *Journal of Abnormal Psychology, 123*(1), 24–34. https://doi.org/10.1037/a0035540

第2章

1 Nolen-Hoeksema, S. (1987a). Sex differences in unipolar depression: Evidence and theory. *Psychological Bulletin, 101* (2), 259–282. https://doi.org/10.1037/0033-2909.101.2.259

2 Nolen-Hoeksema, S. (1987b). *Sex differences in depression*. Stanford University Press.

3 Nolen-Hoeksema, S. (1991). Responses to depression and their effects on the duration of depressive episodes. *Journal of Abnormal Psychology, 100*(4), 569–582. https://doi.org/10.1037/0021-843X.100.4.569

4 Nolen-Hoeksema, S., & Morrow, J. (1991). A prospective study of depression and posttraumatic stress symptoms after a natural disaster: The 1989 Loma Prieta earthquake. *Journal of Personality and Social Psychology, 61*(1), 115–121. https://doi.org/10.1037/0022-3514.61.1.115

5 Nolen-Hoeksema, S., Parker, L. E., & Larson, J. (1994). Ruminative coping with depressed mood following loss. *Journal of Personality and Social Psychology, 67*(1), 92–104. https://doi.org/10.1037/0022-3514.67.1.92

6 Nolen-Hoeksema, S. (2000). The role of rumination in depressive disorders and mixed anxiety/depressive symptoms. *Journal of Abnormal Psychology, 109*(3), 504–511. https://doi.org/10.1037/0021-843X.109.3.504

7 Watkins, E. R. (2008). Constructive and unconstructive repetitive thought. *Psychological Bulletin, 134*(2), 163–206. https://doi.org/10.1037/0033-2909.134.2.163

8 Watkins, E., Moberly, N. J., & Moulds, M. L. (2008). Processing mode causally influences emotional reactivity: Distinct effects of abstract versus concrete construal on emotional response. *Emotion, 8*(3), 364–378. https://doi.org/10.1037/1528-3542.8.3.364

9 Watkins, E., & Teasdale, J. D. (2001). Rumination and overgeneral memory in depression: Effects of self-focus and analytic thinking. *Journal of Abnormal Psychology, 110*(2), 353–357. https://doi.org/10.1037/0021-843X.110.2.333

10 Watkins, E., & Teasdale, J. D. (2004). Adaptive and maladaptive self-focus in depression. *Journal of Affective Disorders, 82*(1), 1–8. https://doi.org/10.1016/j.jad.2003.10.006

11 Watkins, E., & Moulds, M. (2005). Distinct modes of ruminative self-focus: Impact of abstract versus concrete rumination on problem solving in depression. *Emotion, 5*(3), 319–328. https://doi.org/10.1037/1528-3542.5.3.319

12 Moberly, N. J., & Watkins, E. R. (2006). Processing Mode Influences the Relationship Between Trait Rumination and Emotional Vulnerability. *Behavior Therapy, 37*(3), 281–291. https://doi.org/10.1016/j.beth.2006.02.003

13 Watkins, E. (2004). Adaptive and maladaptive ruminative self-focus during emotional processing. *Behaviour Research and Therapy, 42*(9), 1037–1052. https://doi.org/10.1016/j.brat.2004.01.009

14 Watkins, E. R. (2016). *Rumination-focused cognitive-behavioral therapy for depression*. Guilford Press.（ワトキンス, E. R. 大野裕（監訳）・梅垣佑介・中川敦夫（訳）（二〇二三）うつ病の反すう焦点化認知行動療法, 岩崎学術出版社）

15 Spinhoven, P., Klein, N., Kennis, M., Cramer, A. O. J., Siegle, G., Cuijpers, P., Ormel, J., Hollon, S. D., & Bockting, C. L. (2018). The effects of cognitive-behavior therapy for depression on repetitive negative thinking: A meta-analysis. *Behaviour Research and Therapy, 106*, 71–85. https://doi.org/10.1016/j.brat.2018.04.002

16 Watkins, E. R., & Roberts, H. (2020). Reflecting on rumination: Consequences, causes, mechanisms and treatment of rumination. *Behaviour Research and Therapy, 127*, Article 103573. https://doi.org/10.1016/j.brat.2020.103573

17 Watkins, E. R., Mullan, E., Wingrove, J., Rimes, K., Steiner, H., Bathurst, N., Eastman, R., & Scott, J. (2011). Rumination-focused cognitive–behavioural therapy for residual depression: Phase II randomised controlled trial. *British Journal of Psychiatry, 199*(4), 317–322. https://doi.org/10.1192/bjp.bp.110.090282

18 Hvenegaard, M., Moeller, S. B., Poulsen, S., Gondan, M., Grafton, B., Austin, S. F., Kistrup, M., Rosenberg, N. G. K., Howard, H., & Watkins, E. R. (2020). Group rumination-focused cognitive-behavioural therapy (CBT) v. group CBT for depression: phase II trial. *Psychological Medicine, 50*(1), 11–19. https://doi.org/10.1017/S0033291718003835

19 Watkins, E., Newbold, A., Tester-Jones, M., Collins, L. M., & Mostazir, M. (2023). Investigation of active ingredients within internet-delivered cognitive behavioral therapy for depression: A randomized optimization trial. *JAMA Psychiatry, 80*(9), 942–951. https://doi.org/10.1001/jamapsychiatry.2023.1937

20 Topper, M., Emmelkamp, P. M., Watkins, E., & Ehring, T. (2017). Prevention of anxiety disorders and depression by

targeting excessive worry and rumination in adolescents and young adults: A randomized controlled trial. *Behaviour Research and Therapy, 90*, 123–136. https://doi.org/10.1016/j.brat.2016.12.015

21 Nolen-Hoeksema, S. (1994). An interactive model of emergence of gender differences in depression in adolescence. *Journal of Research on Adolescence, 4*, 519–534. https://doi.org/10.1207/s15327795jra0404_5

22 Jose, P. E., & Brown, I. (2008). When does the gender difference in rumination begin? Gender and age differences in the use of rumination by adolescents. *Journal of Youth and Adolescence, 37*(2), 180–192. https://doi.org/10.1007/s10964-006-9166-y

第5章

1 Watkins, E. R., Baeyens, C. B., & Read, R. (2009). Concreteness training reduces dysphoria: Proof-of-principle for repeated cognitive bias modification in depression. *Journal of Abnormal Psychology, 118*(1), 55–64. https://doi.org/10.1037/a0013642

2 Watkins, E. R., & Moberly, N. J. (2009). Concreteness training reduces dysphoria: A pilot proof-of-principle study. *Behaviour Research and Therapy, 47*(1), 48–53. https://doi.org/10.1016/j.brat.2008.10.014

3 Watkins, E. R., Taylor, R. S., Byng, R., Baeyens, C., Read, R., Pearson, K., & Watson, L. (2012). Guided self-help concreteness training as an intervention for major depression in primary care: A Phase II randomized controlled trial. *Psychological Medicine, 42*(7), 1359–1371. https://doi.org/10.1017/S0033291711002480

監修者略歴

大野 裕（おおの ゆたか）
精神科医。大野研究所所長。
1950年生まれ。慶應義塾大学医学部卒業。コーネル大学医学部、ペンシルベニア大学医学部留学などを経て、慶應義塾大学教授、国立精神・神経医療研究センター認知行動療法センター長を歴任。2015年4月より同認知行動療法センター顧問。
日本認知療法・認知行動療法学会理事長、日本ストレス学会理事長を歴任。日本ポジティブサイコロジー医学会理事長、認知行動療法研修開発センター理事長、ストレスマネジメントネットワーク代表。

著者略歴

梅垣 佑介（うめがき ゆうすけ）
公認心理師、臨床心理士。博士（教育学）。奈良女子大学臨床心理学領域准教授。
2008年、東京大学教育学部教育心理学コース卒業。2013年、東京大学大学院教育学研究科臨床心理学コース修了。エクセター大学気分障害センター客員研究員を経て、2014年から奈良女子大学臨床心理学領域に勤務。

中川 敦夫（なかがわ あつお）
精神科医。聖マリアンナ医科大学神経精神科学教室教授。
1999年、慶應義塾大学医学部卒業。コロンビア大学医学部精神科への留学、国立精神・神経医療研究センタートランスレーショナルメディカルセンターならびに認知行動療法センター室長、慶應義塾大学医学部臨床研究推進センターならびに精神・神経科学教室特任准教授などを経て、2022年4月より現職。

執筆協力者

エドワード・ワトキンス	英国エクセター大学
片山 奈理子	慶應義塾大学医学部精神・神経科学教室（第2章　反すう思考と脳の関係性）
加藤 健徳	桜ヶ丘記念病院
加藤 典子	国立精神・神経医療研究センター認知行動療法センター
武智 小百合	慶應義塾大学医学部精神・神経科学教室
満田 大	聖マリアンナ医科大学神経精神科学教室
新井 芳望	慶應義塾大学医学部精神・神経科学教室（図2-1、図2-2の原図）
大月 亜純	総合心療センターひなが
黒岩 結衣	関西医科大学総合医療センター精神神経科

謝　辞

本書の執筆にあたり、AMEDの課題番号JP23dk0307116ならびにJP24dk0307131、JSPS科研費21K03045の支援を受けました。

「反すう」に気づいてぐるぐる思考から抜け出そう！

認知行動療法に基づくセルフケアブック

ISBN 978-4-7533-1255-9

監修者
大野 裕

2025 年 2 月 21 日　初版第 1 刷発行
2025 年 6 月 12 日　初版第 2 刷発行

印刷・製本 ㈱太平印刷社

発行 ㈱岩崎学術出版社
〒 101-0062 東京都千代田区神田駿河台 3-6-1
発行者　杉田 啓三
電話 03(5577)6817　FAX 03(5577)6837